JARDINAGEM PROFISSIONAL
TÉCNICAS PARA O BOM CULTIVO DA TERRA

Dados Internacionais de Catalogação na Publicação (CIP)
(Jeane Passos de Souza - CRB 8ª/6189)

Senac. Departamento Nacional.
Jardinagem profissional: técnicas para o bom cultivo da terra / Departamento Nacional do Serviço Nacional de Aprendizagem Comercial. – São Paulo : Editora Senac São Paulo, 2018.

Bibliografia
ISBN 978-85-396-2370-9 (impresso/2018)
e-ISBN 978-85-396-2371-6 (ePub/2018)
e-ISBN 978-85-396-2372-3 (PDF/2018)

1. Jardinagem 2. Jardim 3. Paisagismo I. Título.

18-789s   CDD – 635
                                                 712

Índices para catálogo sistemático:

1. Jardinagem: Floricultura   635
2. Jardins: Paisagismo   712

JARDINAGEM PROFISSIONAL
TÉCNICAS PARA O BOM CULTIVO DA TERRA

Editora Senac São Paulo – São Paulo – 2018

ADMINISTRAÇÃO REGIONAL DO SENAC NO ESTADO DE SÃO PAULO
Presidente do Conselho Regional: Abram Szajman
Diretor do Departamento Regional: Luiz Francisco de A. Salgado
Superintendente Universitário e de Desenvolvimento: Luiz Carlos Dourado

EDITORA SENAC SÃO PAULO
Conselho Editorial: Luiz Francisco de A. Salgado
Luiz Carlos Dourado
Darcio Sayad Maia
Lucila Mara Sbrana Sciotti
Luís Américo Tousi Botelho

Gerente/Publisher: Luís Américo Tousi Botelho
Coordenação Editorial: Verônica Pirani de Oliveira
Prospecção: Andreza Fernandes dos Passos de Paula, Dolores Crisci Manzano, Paloma Marques Santos
Administrativo: Marina P. Alves
Comercial: Aldair Novais Pereira
Comunicação e Eventos: Tania Mayumi Doyama Natal

Edição e Preparação de Texto: Rafael Barcellos Machado
Conteúdo Técnico: Embyá Paisagismo
Revisão Técnica: Cristina Mutsumi Sekiya Takiguchi
Copidesque: Márcia Capella
Coordenação de Revisão de Texto: Marcelo Nardeli
Revisão de Texto: Eloisa Mendes Lopes, Silvana Gouvea
Fotos: André Nazareth
Ilustrações: Daniele Purper
Capa e Editoração Eletrônica: Sandra Regina Santana
Impressão e Acabamento: Gráfica CS

Proibida a reprodução sem autorização expressa.
Todos os direitos desta edição reservados à:
Editora Senac São Paulo
Av. Engenheiro Eusébio Stevaux, 823 – Prédio Editora
Jurubatuba – CEP 04696-000 – São Paulo – SP
Tel. (11) 2187-4450
editora@sp.senac.br
https://www.editorasenacsp.com.br

Sumário

Nota do editor, **7**

Agradecimentos, **9**

1. O TRABALHO DO JARDINEIRO, 10

O que faz esse profissional?, **11**

Para ser um bom jardineiro, **14**

Mercado de trabalho, **20**

Mão na terra e muito mais..., **26**

Cuidados com o meio ambiente, **30**

2. PLANTAS, 38

A diversidade das plantas brasileiras, **39**

Principais biomas, **40**

Conservação da biodiversidade, **54**

Características e classificação das plantas, **56**

Partes das plantas, **74**

As plantas e as condições climáticas, **86**

3. SOLO, 90

Tipos de solo, **91**

Análise do solo, **96**

Preparo do solo, **100**

4. PLANTIO, 116

Equipamentos e ferramentas de trabalho, **117**

Preparação do terreno, **120**

Compra, escolha e acondicionamento de mudas, **121**

Plantio no solo, **125**

Plantio em vasos, **132**

Após o plantio, **135**

5. MANUTENÇÃO, 140

Procedimentos gerais, 141

Poda, 142

Irrigação, 144

Reprodução de plantas, 154

As doenças nas plantas, 169

6. JARDINS, 174

Estilos de jardins ao longo da história, 175

Jardins na atualidade, 178

Tipos de jardins, 186

Bibliografia, 195

Índice geral, 197

Nota do editor

O trabalho do jardineiro está ligado a um aspecto considerado muito importante em nossos dias: a qualidade de vida – algo que podemos obter pelo contato constante com a natureza. Em todo o mundo, vemos cada vez mais iniciativas nesse sentido, como telhados verdes, hortas comunitárias, ecovilas, áreas verdes públicas e áreas para conservação do meio-ambiente – espaços onde o conhecimento e as mãos do jardineiro podem ser aplicados para a obtenção de melhores resultados.

Por isso, o Senac São Paulo traz ao mercado *Jardinagem profissional: técnicas para o bom cultivo da terra*, uma contribuição valiosa para a formação e qualificação dos profissionais de jardinagem, tratando não apenas das questões teóricas e técnicas dessa atividade mas também de suas implicações sobre importantes pautas éticas da atualidade, visando assim ajudar na disseminação de uma vida mais cheia de qualidade e bem-estar.

Nas próximas páginas, você encontrará informações sobre o mercado de trabalho para jardineiros, assim como as principais características das plantas e diferentes tipos de solo. Verá também as ferramentas e os cuidados necessários para se fazer o plantio no solo ou em vasos, assim como os cuidados necessários para a manutenção das plantas e a reprodução de mudas. Por fim, contará com orientações sobre estilos e tipos de jardins comuns na atualidade.

Agradecimentos

Pela cessão do espaço para a produção fotográfica, agradecemos a Chácara Tropical, o Jardim Botânico do Rio de Janeiro, a Casa das Canoas e o Condomínio Península da Barra da Tijuca.

Pela participação nas fotos, agradecemos o jardineiro Sidnei Carlos Pinheiro.

O que faz esse profissional?

Uma praça com a grama bem cuidada e um parque com muitas árvores e canteiros floridos tornam as cidades mais agradáveis e ajudam a melhorar a qualidade de vida dos moradores. Por trás da beleza desses espaços, está o trabalho do jardineiro. É ele quem organiza o jardim e cuida de sua manutenção, o que inclui a preparação do solo, a escolha das plantas, o plantio e, às vezes, o cultivo das mudas. Fazer a capina, selecionar as mudas, conter as pragas, podar, irrigar o terreno e limpar os jardins também são suas tarefas.

Se você pretende se tornar um jardineiro profissional, há muito que aprender sobre as atividades nesse campo, que é bem amplo. Você poderá trabalhar sozinho, ao cuidar de um pequeno jardim, ou em equipe, se a área for grande. Em geral, nesse caso, há um jardineiro responsável que monta um cronograma com as etapas do trabalho e distribui a equipe de acordo com as tarefas.

Seu trabalho estará sempre ligado à natureza: a chuva, o sol, o vento, a seca ou o excesso de umidade certamente vão interferir na aparência e na saúde das plantas. E como a maior parte de suas funções é realizada ao ar livre, é bom acostumar-se a acompanhar as previsões do tempo para evitar imprevistos que atrapalhem o andamento do trabalho.

A segurança deve fazer parte de seu dia a dia. Use equipamentos apropriados e verifique sempre as condições das ferramentas de trabalho. Elas não podem oferecer riscos. Lembre-se também dos equipamentos elétricos, que precisam de manutenção periódica. Quando o assunto é segurança, todo cuidado é pouco.

Segurança no trabalho

Devido à exposição do profissional a vários riscos, relativos ao manuseio de ferramentas que podem cortar e ferir e à exposição a fatores externos diversos, a prática da jardinagem deve incluir cuidados para que seja realizada com segurança. Entre os fatores prejudiciais à saúde do profissional, é possível listar: ruídos excessivos e constantes; exposição a agentes químicos; contato eventual com animais, inclusive peçonhentos; e possibilidade de quedas quando o trabalho é feito em grandes alturas.

Os equipamentos básicos que o jardineiro deve usar são: chapéu, óculos de proteção, luvas para jardinagem e botina de segurança. Luvas de borracha, máscaras, óculos de proteção e demais protetores faciais, além de aventais de segurança e blusões, evitam o contato direto com produtos tóxicos, como inseticidas e fungicidas. No caso de acidente, lave a área imediatamente e procure o serviço médico mais próximo. Para a proteção contra animais, é indicado o uso de luvas de couro, botinas de segurança e perneiras de proteção. Para diminuir o impacto de ruídos, é necessário usar protetores auriculares.

Para tarefas em altura, é necessário treinamento de alpinismo e uso de equipamentos específicos, como capacete, cinto de segurança, travaquedas e cordas. E lembre-se: no caso de situações de alto risco, como manutenção de jardineiras e jardins verticais em fachadas, telhados verdes, etc., todo o equipamento de sustentação deve ser checado antes do procedimento.

◀ Equipamentos de proteção individual (EPI)

Para ser um bom jardineiro

Ser observador é essencial nesse trabalho. Afinal, é observando as plantas que você poderá identificar sinais de danos causados por micro-organismos e sintomas associados às carências delas. É importante também ter habilidade manual para lidar com as plantas e com as ferramentas de trabalho; criatividade para organizar diferentes composições; e capacidade de comunicação para interagir com outros profissionais e com clientes.

Com prática e estudo, você perceberá os diferentes tipos de solo. Saberá como manter a fertilidade da terra e como identificar a influência do clima nos jardins. Além disso, dominará as técnicas de aplicação de corretivos e fertilizantes minerais e orgânicos.

Em relação às plantas, há muito que aprender: suas características, suas estruturas e formas, seus nomes, a que grupos pertencem e como prevenir e controlar plantas invasoras, pragas e doenças. Sobre técnicas, é preciso saber como fazer o plantio e a multiplicação vegetativa, o transplantio e o replantio de árvores, arbustos e herbáceas.

Quanto maior o conhecimento do solo, do comportamento das plantas e das técnicas, maior será a garantia de sucesso no cuidado de jardins. É importante ainda que você aprenda a ler mapas e desenhos técnicos (plantas baixas, cortes, vistas e detalhes); que saiba preparar e marcar no terreno as formas mostradas em um projeto; que conheça os diferentes sistemas de irrigação, aproveitamento de água e drenagem; e que saiba utilizar as ferramentas corretas para cada tarefa.

O trabalho como jardineiro pode levá-lo a se relacionar com outros profissionais – sejam os que projetam jardins, como paisagistas, arquitetos e engenheiros; sejam os que lidam com as plantas, ferramentas ou produtos, como fornecedores de materiais, de plantas e vendedores; ou outros trabalhadores, como funcionários de limpeza, de comunicação visual e supervisão. Por isso, é importante exercitar suas habilidades de comunicação com as pessoas. Saber ouvir e ser educado é fundamental durante as reuniões de trabalho e no contato com clientes e fornecedores para que os serviços previstos sejam bem executados.

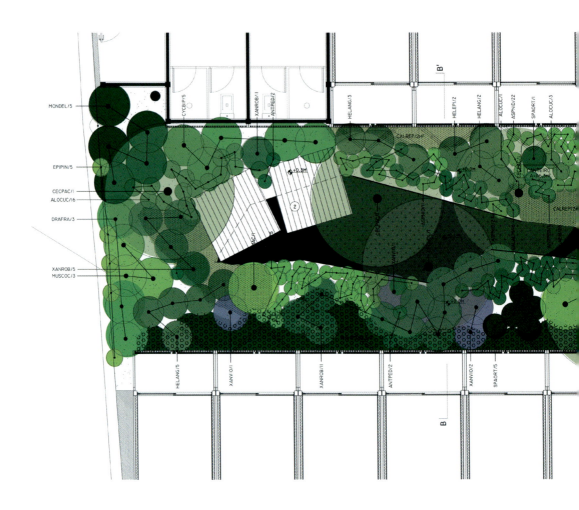

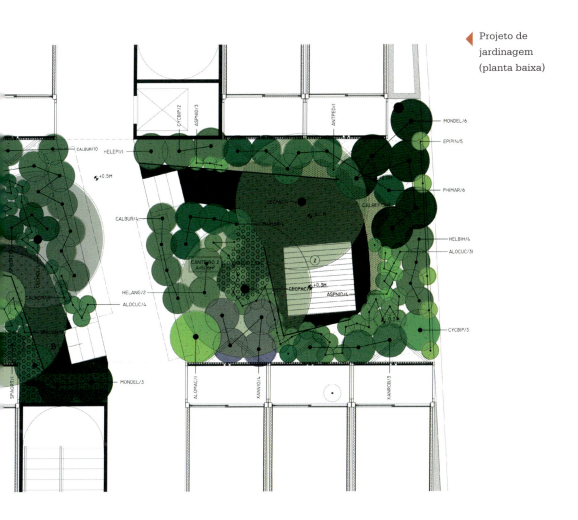

Projeto de jardinagem (planta baixa)

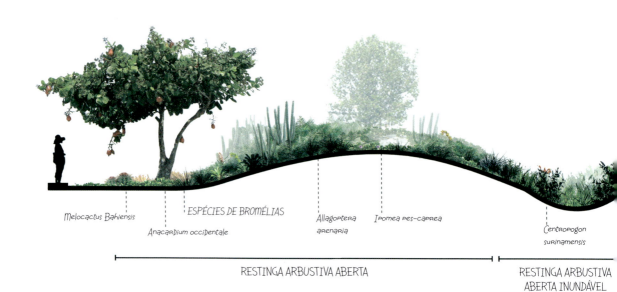

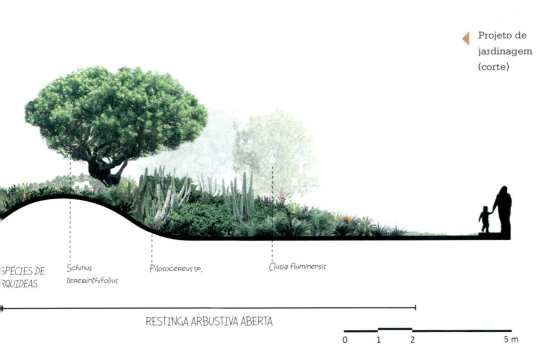

Projeto de jardinagem (corte)

Mercado de trabalho

A jardinagem tem cada vez mais espaço nas cidades devido ao reconhecimento dos benefícios ambientais associados à presença da vegetação. São exemplos disso as praças, os pequenos jardins privados e os grandes parques, como o Parque Ibirapuera, em São Paulo, e o Aterro do Flamengo, no Rio de Janeiro. Essa realidade favorece os jardineiros, que têm trabalho garantido tanto nos jardins públicos quanto nos jardins privados.

Jardins públicos

De grande importância na vida das cidades, os primeiros jardins públicos foram criados para facilitar o encontro entre as pessoas. Recentemente, os parques e os jardins passaram a servir à prática de esportes, com quadras e pistas de skate; para o descanso, nas áreas sombreadas, nas quais se pode montar cadeiras ou estender toalhas; ou para recreação, com espaços destinados aos adultos e às crianças.

A preocupação ambiental com a preservação de áreas verdes nos limites urbanos tem transformado vários espaços em unidades de conservação. Os órgãos responsáveis por administrar essas unidades buscam preservar a biodiversidade e dedicam-se a catalogar as espécies animais e vegetais. Mas a preocupação ambiental não está presente apenas nas unidades de conservação. Ao dedicar-se a um jardim público em áreas urbanas, é recomendável adotar práticas sustentáveis, como utilizar espécies nativas, que necessitam de menos recursos para sua manutenção.

Quando se trabalha em um projeto destinado aos espaços públicos, convém lembrar que suas propostas e decisões são direcionadas a um público amplo, composto de diferentes grupos, com necessidades e expectativas diversas.

Jardins privados

Os jardins privados são resultado, de maneira geral, das solicitações de um único cliente, cabendo ao jardineiro procurar compreender o estilo ou o efeito esperado pelo proprietário. Pode-se lançar mão de referências de projetos já realizados, pesquisar em revistas ou na internet, o que facilita a visualização. É importante entender os pedidos do cliente e oferecer soluções que atendam e ampliem suas expectativas.

O estilo adotado será sempre o que o cliente desejar e, por isso, nem sempre acompanhará as tendências contemporâneas. Caberá ao profissional orientar o proprietário quanto à coerência dos elementos escolhidos, quando julgar necessário. Em alguns casos, o proprietário tem solicitações bem específicas, tais como jardins com estilo japonês, islâmico ou judaico, por exemplo. Nesses casos, será preciso pesquisar para conhecer mais sobre a cultura ou o estilo desejado.

Saber ouvir as expectativas dos clientes e procurar atendê-las da melhor maneira é sua função como jardineiro. As soluções encontradas devem sempre ser decididas em comum acordo. O mais importante, nesse caso, é a satisfação do cliente.

Ao se profissionalizar, você poderá prestar serviços como autônomo ou ser contratado por uma empresa de paisagismo e arquitetura ou de outros ramos. Em qualquer desses casos, poderá assumir contratos de manutenção periódica de jardins de pequeno porte, como os residenciais, ou de médio e grande porte, como os de condomínios urbanos, propriedades rurais, complexos empresariais ou campus de universidades.

Serviços auxiliares

Além da execução, manutenção ou reforma dos jardins, há outras frentes de trabalho: a administração de viveiros de plantas; a oferta de serviços auxiliares, como irrigação ou controle de pragas e fretes; e serviços de consultoria, como o treinamento de funcionários que serão responsáveis pela manutenção dos jardins.

Há também a participação em cooperativas ou associações de profissionais que promovem trocas de conhecimento e oportunidades de geração de renda. Além disso, as práticas de economia solidária, muito comuns nos dias de hoje, compreendem uma diversidade de soluções, que incluem os clubes de troca, as empresas autogeridas e as redes de cooperação, entre outras. Alguns exemplos de economia solidária são a Articulação Nacional de Agroecologia (ANA) e o Movimento Urbano de Agroecologia de São Paulo (Muda-SP), que têm como objetivos valorizar e articular diversos grupos envolvidos com a promoção da agroecologia.

A participação nessas redes pode conectá-lo a possíveis clientes e fornecedores, facilitando os contatos entre diferentes prestadores. As redes solidárias podem fornecer ainda mão de obra qualificada e integrar profissionais de uma mesma região.

Hortas

Devido à dificuldade de encontrar alimentos orgânicos com preços acessíveis, as pessoas cada vez mais buscam incorporar hortas em seus jardins ou adaptá-las aos espaços disponíveis em quintais, varandas e até em áreas internas de apartamentos. Por isso, é interessante que o jardineiro domine os cuidados necessários para a criação e a manutenção de hortas.

É muito importante garantir a boa procedência das sementes, das mudas e do solo, que devem estar livres de contaminações. Se a intenção é fazer uma horta orgânica, é importante garantir com o fornecedor sementes e mudas sem agrotóxicos. Caso seja possível utilizar a terra disponível no local, é fundamental que seja realizada uma análise do solo para obter informações sobre sua composição e certificar-se de que não há substâncias nocivas. As hortas podem ser feitas em canteiros, diretamente no solo, em jardins verticais, em tetos verdes e em vasos.

Recomenda-se utilizar plantas que forneçam sua parte comestível em épocas alternadas, para que sempre se tenha algo para consumir na horta. Pode-se optar por inúmeras ervas e temperos, como capim-limão, erva-cidreira brasileira, orégano, camomila, cominho, manjerona, salsa, manjericão, alecrim, e também por verduras, legumes e frutas, como nabo, batata-doce, quiabo, rúcula, alface, agrião, pepino, tomate, pimentão, pitanga, maracujá, repolho, morango, entre outros.

Conheça o nome científico desses alimentos

Agrião – *Nasturtium officinale*
Alface – *Lactuca sativa*
Batata-doce – *Ipomoea batatas*
Maracujá – *Passiflora edulis*
Morango – *Fragaria vesca*
Nabo – *Brassica rapa* subsp.
Pepino – *Cucumis sativus*

Pimentão – *Capsicum anuum*
Pitanga – *Eugenia uniflora*
Quiabo – *Abelmoschus esculentus*
Repolho – *Brassica oleracea* var. *Capitata*
Rúcula – *Eruca sativa*
Tomate – *Solanum lycopersicum*

Além desses alimentos, é importante considerar as plantas alimentícias não convencionais (Panc). Grande parte da população não utiliza as Panc devido à falta de conhecimento de suas funções alimentares e nutricionais. Muitas delas são espécies espontâneas, às vezes, até consideradas ervas daninhas. Alguns exemplos de Panc são ora-pro-nóbis, serralha, taioba, capuchinha, bertalha, cará, almeirão, entre outros.

Os nomes podem parecer estranhos, mas muitas vezes essas plantas fazem parte da cultura e da história alimentar de determinados povos. Além disso, as Panc características de uma região merecem atenção por serem facilmente cultiváveis, já que são adaptadas ao local em questão, e por isso podem ser uma ótima alternativa alimentar para compor hortas, principalmente aquelas em que se deseja produzir alimento o ano inteiro.

 Conheça o nome científico de algumas Panc

Almeirão – *Cichorium intybus*
Bertalha – *Basella alba*
Capuchinha – *Tropaeolum majus*
Cará – *Dioscorea alata* L.
Ora-pro-nóbis – *Pereskia aculeata*
Serralha – *Sonchus oleraceus*
Taioba – *Xanthosoma sagittifolium*

Mão na terra e muito mais...

O trabalho do jardineiro não é só mexer na terra; também envolve a habilidade de identificar e apreciar o que é belo, combinar cores, texturas e volumes. É um trabalho criativo. Todo jardim precisa de harmonia em sua composição para ser visualmente agradável.

Na criação de um jardim, deve-se dispor as plantas de forma harmônica, considerando as características de cada uma. As formas e as cores dos demais elementos que vão compor o ambiente, como móveis e acessórios, potes, vasos, jardinei-ras, anteparos, divisórias e tipos de pavimentação, devem integrar-se à composição.

O bom jardineiro deve saber mesclar cores e volumes para criar combinações atraentes. Com a prática e o conhecimento das plantas, será capaz de prever o resultado final dos jardins, antevendo a composição geral após o crescimento de cada espécie.

Ao idealizar um jardim, lembre-se de que todas as plantas precisam encontrar espaço para crescer. As associações e o posicionamento, portanto, deverão ser feitos com cuidado.

A sabedoria está em diversificar, alternando plantas volumosas com outras menores; plantas altas com plantas baixas. Ou seja, conjugando os diferentes tamanhos com a diversidade de texturas, estruturas, cores e formatos de folhas e inflorescências (flores ou conjuntos de flores e ramos).

A escolha dos demais elementos que compõem o jardim poderá valorizar seu trabalho. Em geral, superfícies (paredes, pisos, telhados) de cores claras ficam bem com vasos simples em cor terracota. Já os potes altos, em metal, combinam com superfícies de design limpo, sem muitas texturas. As superfícies nas cores ocre, tijolo ou travertino recebem bem os potes em pedra, com formas rebuscadas. Enquanto a ardósia ou o cimento, mais escuros, pedem vasos maiores, com cores fortes.

A harmonização das cores e dos estilos entre os vasos, as jardineiras e as demais superfícies pode ser realizada em composições consonantes ou dissonantes. As composições consonantes baseiam-se em propostas de jardins em escalas de tons próximos, que vão oferecer um resultado harmônico com seu entorno, não se destacando em relação às edificações circundantes. Essa escolha pode ser aplicada em jardins de edificações históricas ou contemporâneas, que tenham formas imponentes que mereçam maior destaque.

Jardim da Casa das Canoas, Rio de Janeiro

Se o objetivo for criar jardins com maior destaque na composição dos espaços, pode-se optar por composições dissonantes, com cores mais fortes nas superfícies e nos objetos, utilizando contrastes para dar destaque, quando desejado. Também o traçado dos jardins pode assumir formas de maior presença visual, destacadas de seu entorno.

É importante respeitar as necessidades das plantas na hora de escolher os tipos de vaso e demais recipientes. Convém lembrar que é recomendável utilizar potes grandes principalmente para plantas de raízes grossas ou profundas, como gerânios e tomates, para plantas arbustivas altas, como clúsias e tumbérgias, e para plantas trepadeiras, como buganvílias e alamandas.

A escolha dos materiais dos vasos deve considerar as características das plantas. Vasos em terracota, por serem mais porosos, permitem a aeração das raízes, porém requerem irrigação mais frequente. Ao contrário, os vasos plásticos retêm mais umidade e, por isso, exigem menos irrigação. Materiais metálicos fazem com que as raízes sejam expostas a temperaturas extremas – muito altas ou muito baixas. Ao optar por vasos metálicos, procure escolher espécies resistentes e certifique-se de que há furos no fundo para permitir que a água flua. Já os recipientes em madeira precisam receber calços no fundo para evitar que a água fique estagnada e gere manchas de umidade.

O conhecimento de suas responsabilidades e de suas tarefas transmite confiança ao cliente, não apenas quanto a suas escolhas estéticas, mas, sobretudo, em suas decisões técnicas. O exercício de sua capacidade de criação permitirá agregar valor aos serviços oferecidos, gerar maior independência e maior retorno financeiro.

 Conheça o nome científico de algumas plantas de raízes grossas ou profundas

Alamanda – *Allamanda cathartica*
Buganvília – *Bougainvillea glabra*
Clúsia – *Clusia fluminensis*
Gerânio – *Pelargonium hortorum*
Tomate – *Solanum lycopersicum*
Tumbérgia – *Thunbergia erecta*

Cuidados com o meio ambiente

Sabemos que as boas soluções de jardinagem reduzem os impactos sobre o meio ambiente. Hoje, espera-se que o jardineiro conheça técnicas de jardinagem biológica, pois elas valorizam procedimentos de cultivo que não prejudicam a saúde das pessoas nem dos demais seres vivos. A preocupação com o meio ambiente deve fazer parte do dia a dia do jardineiro.

A jardinagem biológica busca aproveitar todos os recursos utilizados na execução dos jardins e devolvê-los à natureza como não poluentes. Há algumas regras básicas que podem ser adotadas de modo que não prejudique o meio ambiente. Veja:

- Evitar o uso de fertilizantes ou herbicidas químicos, que poluem o solo e podem contaminar os lençóis freáticos.

- Economizar água, usando espécies adaptadas ao clima local.

- Favorecer a biodiversidade, procurando aumentar a variedade de plantas.

- Respeitar a fauna e a microfauna (organismos microscópicos) preexistentes no local, evitando, por exemplo, limpar demais o terreno, gerar ruídos constantes com motores ou eliminar espécies que são fontes de alimento.

- Reciclar os restos vegetais, sempre que possível, por meio da compostagem ou de outros métodos.

A preocupação com o meio ambiente deve estar presente desde o planejamento do jardim. Selecione as plantas de acordo com as condições do local (clima, solo, insolação, etc.). A adequação das espécies a essas condições evitará a reposição de mudas mortas, o emprego excessivo de adubos e fertilizantes ou de métodos dispendiosos de irrigação. O uso de plantas nativas favorecerá, ainda, a preservação dos animais, que terão maior facilidade para se instalar.

Na jardinagem biológica, deve-se ter grande atenção com as mudas. É preciso que elas tenham qualidade. Dispor de um viveiro é a melhor forma de garantir a boa procedência das plantas. Se isso não for possível, contrate um horto bem recomendado e realize uma visita ao local para selecionar as melhores mudas.

No caso de execução de hortas, conhecer os fornecedores torna-se essencial para evitar o plantio de alimentos contaminados ou para certificar a procedência de mudas orgânicas. A certificação da produção orgânica é um fator que vem agregando grande valor à produção vegetal e alimentícia e, se bem aplicado, pode tornar-se um diferencial para o profissional.

O cuidado com o solo é também uma das premissas da jardinagem biológica. Recomenda-se manter ao máximo as características originais no caso de solos de boa composição, minimizando a interferência em sua estrutura. Isso vale tanto durante o plantio como durante a manutenção dos jardins. Nesses casos, o ideal é escolher ferramentas que não alterem a estrutura do solo: por exemplo, em vez de usar pás para revolver o solo antes do plantio, deve-se utilizar o ancinho, que trabalha a terra de modo superficial, sem causar danos às camadas mais profundas.

Depois de organizar as plantas no jardim, recomenda-se o plantio de forrações (espécies de plantas rasteiras) nos espaços entre arbustos e árvores. Desse modo, elas criarão uma proteção natural para o solo, mantendo a umidade e os nutrientes necessários ao crescimento das plantas. Também podem ser utilizados materiais como argila expandida, seixos soltos ou cascas de pinus para essa finalidade.

◀ A pileia (*Pilea cadierei*), a grama-amendoim (*arachis repens*) e a hera-roxa (*hemigraphis alternata*) são exemplos de plantas de forração

Materiais para cobertura do solo:
1. pedrisco;
2. argila expandida;
3. cascas de pinus.

Coberturas naturais auxiliam a regulação da umidade, evitando a evaporação e diminuindo a necessidade de irrigação. Essa prática dificulta o surgimento de ervas daninhas e pragas, diminuindo também a necessidade de manutenção. Uma solução mais econômica e que reaproveita os materiais disponíveis no local é a utilização de folhas secas para cobrir o solo exposto. Essa prática teve origem na observação do que acontece na natureza, principalmente nas florestas.

A escolha de métodos de irrigação que evitem o desperdício de água também será importante para fortalecer as práticas de jardinagem biológica. Recomenda-se, sempre que possível, o uso de mecanismos de ativação programada eletronicamente. Eles garantem a frequência da irrigação sem desperdício. Se não for possível, a irrigação deve ser realizada nos períodos de sol mais fraco (manhã e fim do dia), para evitar que a água evapore antes de ser absorvida.

Ao optar pela jardinagem biológica, o profissional deve evitar fertilizantes químicos. Eles servem para promover o crescimento, o fortalecimento ou remediar carências de nutrientes, por exemplo. Mas seu uso pode acarretar prejuízos ao meio ambiente. Por isso, recomenda-se sua substituição por adubos ou fertilizantes orgânicos, que podem ser comprados ou feitos em casa por meio da compostagem, um processo que permite reciclar parte do lixo orgânico caseiro diário, destinando-o à produção de composto orgânico. O adubo resultante é altamente nutritivo e gera ótimos resultados de crescimento para as plantas.

Mesmo respeitando as práticas da jardinagem biológica, em algum momento o solo necessitará de adubos e de produtos preventivos ou curativos contra ataques de parasitas e outras doenças. Ao buscar produtos no comércio, dê preferência aos adubos com composições naturais (como chifre de boi torrado, sangue seco, pó de osso, espinhas de peixe ou algas).

Jardinagem biológica em hortas

A jardinagem biológica também pode ser aplicada às hortas. Nesse caso, o desafio principal é impedir o esgotamento do solo, que perde seus nutrientes por causa do uso intensivo. Uma das técnicas possíveis é a rotação de culturas, que consiste em alternar a cada ciclo as espécies cultivadas em cada área, escolhendo uma espécie destinada ao consumo e outra à recuperação do solo.

A seleção das espécies para rotação deve basear-se na diversidade botânica. Indica-se a utilização de plantas que tenham propriedades distintas dos cultivos anteriores. É preciso diferenciar os sistemas radiculares, os hábitos de crescimento e as exigências nutricionais das plantas escolhidas, para que, em cada ciclo anual, o solo seja beneficiado com diferentes nutrientes.

Muitas outras práticas podem ser desenvolvidas para incentivar a jardinagem biológica e exercer a profissão de jardineiro em comunhão com o meio ambiente. É preciso investir na criação de novas soluções e aplicá-las nos jardins executados. Ao optar pela jardinagem biológica, você estará oferecendo a seu cliente jardins adaptados às variações climáticas, geradores de menor impacto ambiental, que poderão se manter em boas condições sem grandes gastos.

Além da jardinagem biológica, o profissional preocupado com a preservação do meio ambiente pode buscar conhecimentos relativos à permacultura: técnicas de construção desenvolvidas em equilíbrio com a natureza. Enquanto as técnicas de jardinagem biológica apresentam alternativas sustentáveis para tarefas pontuais, adotar a permacultura em seu trabalho demandará maior dedicação. A permacultura oferece soluções de maior amplitude, que vão auxiliar no gerenciamento do conjunto do jardim, quintal ou sítio, em harmonia com o entorno.

Criar e manter vivo um jardim, organizando-o em harmonia com os elementos naturais (clima, vegetação, etc.) e culturais (edificações, equipamentos urbanos, etc.), é um dos maiores desafios dessa profissão. Na execução de qualquer jardim, é preciso adotar soluções que economizem recursos, como água e energia elétrica, e orientar o cliente para que ele faça o mesmo. A profissão do jardineiro requer responsabilidade social e ambiental. Você poderá optar pelas práticas que se adaptem melhor a seu perfil, porém deve buscar sempre o equilíbrio entre os objetivos estéticos e os aspectos ambientais.

Permacultura

Nos anos 1970, os ecologistas australianos Bill Mollison e David Holmgren começaram a pensar em soluções para que o homem pudesse viver em harmonia com a natureza, sem desperdiçar os recursos disponíveis na Terra. A permacultura surgiu, então, como um conjunto de técnicas e soluções que permitem construir espaços do dia a dia com menor impacto negativo no meio ambiente. A redução do consumo de energia e a restauração de paisagens degradadas, temas de grande importância na atualidade, estavam no centro de suas preocupações.

A permacultura incentiva a utilização dos materiais disponíveis no planeta (como a terra, as rochas, as folhas, as fibras de plantas, etc.) para a construção de casas e de áreas de cultivo integradas à natureza. Existem cursos específicos sobre técnicas de recuperação de áreas degradadas e de bioarquitetura. Nesses cursos, é possível aprender a construir sanitários secos e tetos verdes, a captar água das chuvas, a organizar a coleta seletiva, a reciclagem e a compostagem, entre outras soluções.

Várias instituições ensinam práticas de permacultura no Brasil, entre elas podemos citar a Tecnologia Intuitiva e Bio-Arquitetura (Tibá), em Bom Jardim, RJ; o Instituto de Permacultura e Ecovilas da Mata Atlântica (Ipema), em Ubatuba, SP; o Instituto de Permacultura e Ecovilas do Cerrado (Ipec), em Pirenópolis, GO; e o Instituto de Educação e Permacultura Caiçara (Ipeca), em Paraty, RJ.

2

PLANTAS

A diversidade das plantas brasileiras

O jardineiro está o tempo todo em contato com a natureza. Quanto maior seu conhecimento sobre o clima, as plantas, o solo e as demais características do lugar onde vai trabalhar, mais o profissional poderá fazer escolhas conscientes e contribuir para manter a qualidade da vida no planeta.

O Brasil é conhecido pela diversidade de ecossistemas presentes em seu território e pela riqueza de sua vegetação nativa. Por tratar-se de um país de proporções continentais (8,5 milhões de km²), engloba várias zonas climáticas, desde as áreas tropicais úmidas do Norte, passando pelas regiões áridas e semiáridas do Nordeste, até as de clima temperado do Sul.

As grandes variações climáticas trazem diferentes tipos de biomas, como a Floresta Amazônica, o Pantanal, o Cerrado, a Caatinga, os Pampas e a Mata Atlântica, que totalizam 3,5 milhões de km², com florestas, recifes, dunas, manguezais, lagoas, estuários, pântanos, entre vários outros ambientes.

O que não falta, portanto, é assunto para o jardineiro estudar e aprender. Neste capítulo, vamos tratar não apenas da diversidade das plantas brasileiras, mas também de suas principais características e necessidades. Veremos também os tipos de plantas mais comuns na composição dos jardins, para que você possa planejar o trabalho com mais segurança.

Principais biomas

Áreas de ocorrência dos biomas brasileiros

Floresta Amazônica

É a maior floresta tropical do planeta, com diversos tipos de matas, campos abertos e até espécies nativas do Cerrado. Ou seja, apresenta grande biodiversidade, com uma infinidade de plantas e animais: são cerca de 1,5 milhão de espécies vegetais catalogadas e grande variedade de insetos (como borboletas, besouros e formigas), aves (como araras e tucanos) e

Paisagem: Floresta Amazônica

também mamíferos aquáticos (como peixes-bois, lontras e botos), além dos répteis presentes em seu trecho alagado (como jacarés, tartarugas e a conhecida jiboia amazônica).

Sua flora é muito variada e representada por árvores (como sumaúmas, paus-mulatos, jatobás, andirobas, castanheiras e seringueiras), palmeiras (como açaís e babaçus) e plantas de porte menor (como algumas helicônias, campainhas e vitórias-régias). Esse bioma oferece imensa variedade de frutas e castanhas próprias para a alimentação, além da matéria-prima para a fabricação da borracha. É bastante estudado por pesquisadores em busca de insumos para a criação de medicamentos e cosméticos.

 Conheça o nome científico de algumas plantas típicas da Floresta Amazônica

Açaí – *Euterpe oleraceae*
Andiroba – *Carapa guianensis*
Babaçu – *Cocos speciosa*
Campainha – *Ipomoea quamoclit*
Castanheira – *Bertholletia excelsa*
Helicônia – *Heliconia rostrata*
Jatobá – *Hymenaea courbaril*
Pau-mulato – *Calycophyllum spruceanum*
Seringueira – *Hevea brasiliensis*
Sumaúma – *Ceiba pentandra*
Vitória-régia – *Victoria amazonica*

Pantanal

Bioma que faz a ligação entre o Cerrado, o Chaco (bioma existente na Bolívia) e a região amazônica. É classificado como uma área de transição que se mantém periodicamente inundada e apresenta fauna bastante diversificada, composta por diversas espécies de aves (como araras, tuiuiús, tucanos, seriemas e carcarás), mamíferos (como ariranhas, antas, tatus, bichos-preguiça, lobos-guarás, macacos-pregos e capivaras), peixes (como piranhas, pacus, pintados e dourados) e répteis (como iguanas, sucuris, cágados, jabutis e cobras-d'água).

Paisagem: Pantanal

Além da fauna de grande riqueza, o Pantanal apresenta flora rica, formada por espécies presentes nos biomas próximos. Nas áreas mais baixas há predomínio de gramíneas, áreas de pastagens naturais para o gado, enquanto nas áreas de alturas médias pode ser observada vegetação típica do Cerrado. Nas áreas de capões de mato, ocorrem espécies arbóreas (como angicos, ipês e aroeiras). Em áreas mais altas e de clima mais seco, podem ser observadas espécies de palmeiras (como buritis), além de barrigudas e gravatás. Nas áreas inundadas, ocorre vegetação aquática (como aguapés e salvínias).

Conheça o nome científico de algumas plantas típicas do Pantanal

Aguapé – *Eichornia* spp.
Angico – *Anadenanthera colubrina*
Aroeira – *Myracrodruon urundeuva*
Barriguda – *Ceiba speciosa*
Buriti – *Mauritia vinífera*
Gravatá – *Bromelia balansae* Mez
Ipê-amarelo – *Handroanthus albus*
Salvínia – *Salvinia* spp.

Cerrado

Localiza-se principalmente no planalto central brasileiro e é um ecossistema similar às savanas da África e da Austrália. É constituído por árvores relativamente baixas, de até 20 m de altura, arbustos e gramíneas. A vegetação típica do Cerrado tem troncos e ramos retorcidos, cascas espessas e folhas grossas. O Cerrado brasileiro é reconhecido como a savana mais rica do mundo em biodiversidade. Tem sido estudado por pesquisadores em busca de novas matérias-primas para a fabricação de alimentos e remédios.

A fauna abrange em torno de 837 espécies de aves (como curicacas, rolinhas, anus-pretos, urubus e seriemas), 67 gêneros de mamíferos (como ouriços-caixeiros, cutias, pacas, antas, lobos-guarás, tamanduás-bandeiras e morcegos), 150 espécies de anfíbios (como cobras-cegas, pererecas e rãzinhas-grilos) e 120 de répteis (como jabutis, calangos, jararacas e jiboias). A flora do Cerrado apresenta cerca de 4 mil espécies exclusivas. Há diversos exemplos de espécies nativas desse bioma, entre elas palmeiras (como buritis e guarirobas) e árvores (como ingás, quaresmeiras, cagaiteiras, pequis, mamas-cadelas, angicos, jatobás e canelas-de-ema).

Paisagem: Cerrado ▶

🍃 Conheça o nome científico de algumas plantas típicas do Cerrado

Angico – *Anadenanthera falcata*
Buriti – *Mauritia flexuosa*
Cagaiteira – *Eugenia dysenterica*
Canela-de-ema – *Vellozia squamata*
Guariroba – *Syagrus oleracea*
Ingá – *Inga cylindrica, Inga sessilis*
Jatobá – *Hymenaea stilbocarpa*
Mama-cadela – *Brosimum gaudichaudii*
Pequi – *Caryocar brasiliense*
Quaresmeira – *Tibouchina granulosa*

Caatinga

É o ecossistema predominante no Nordeste do Brasil, estendendo-se pelos estados da Paraíba, Piauí, Ceará, Rio Grande do Norte, Maranhão, Pernambuco, Alagoas, Sergipe e Bahia. Sua vegetação típica é seca e espinhosa, devido à escassez de água. Alguns animais que fazem parte da Caatinga são lagartos (como iguanas, bribas e calangos), serpentes (como cascavéis e jararacas), mamíferos (como preás, gambás, capivaras e cutias) e aves (como seriemas, pombas-de-bando e juritis).

A maior parte da flora desse bioma é composta por espécies caducifólias, que perdem suas folhas na estação das secas.

Paisagem: Caatinga

Essa vegetação é representada por árvores (como aroeiras, umbuzeiros, baraúnas, maniçobas, emburanas e embiratanhas) e arbustos (como macambiras, caroás e ameixas-da-caatinga). Uma espécie que se destaca por não perder suas folhas durante a seca é o juazeiro. Na Caatinga, distingue-se ainda a carnaúba, palmeira símbolo do Ceará. Além disso, há várias espécies de cactos (como mandacarus, facheiros e xiquexiques) e também de leguminosas (como mimosas e acácias).

🌿 Conheça o nome científico de algumas plantas típicas da Caatinga

Acácia – *Acacia glomerosa*

Ameixa-da-caatinga – *Ximenia americana* L.

Aroeira – *Myracroduon urundeuva*

Baraúna – *Melanoxylon brauna*

Carnaúba – *Copernicia prunifera*

Caroá – *Neoglaziovia variegata*

Embiratanha – *Pseudobombax marginatum*

Facheiro – *Pilosocereus pachycladus*

Imburana – *Amburama cearensis*

Juazeiro – *Ziziphus joazeiro*

Macambira – *Encholirium spectabile*

Mandacaru – *Cereus jamacaru*

Maniçoba – *Manihot caerulescens* Pohl

Mimosa – *Mimosa caesalpiniifolia*

Umbuzeiro – *Spondias tuberosa*

Xiquexique – *Pilosocereus gounellei*

Pampa

No Brasil, o bioma Pampa está restrito ao estado do Rio Grande do Sul. As paisagens naturais nessa região são bastante diversas, há desde serras até planícies. A fauna é rica em espécies de aves (como emas, perdizes, quero-queros e joões-de-barro) e de mamíferos (como veados-campeiros, zorrilhos, furões e preás). A região destaca-se pela grande quantidade de espécies endêmicas, que são espécies típicas, não encontradas em outras regiões.

Paisagem: Pampa

O Pampa tem grande diversidade de gramíneas, sendo mais de 450 espécies (como capins-forquilha, flechilhas, cabelos--de-porco e barbas-de-bode). Nas áreas de campo natural, destacam-se várias espécies, entre elas, diversas herbáceas (como babosas-do-campo, amendoins-nativos e trevos-nativos). Nas áreas de afloramentos rochosos, são encontradas diferentes espécies de cactáceas. As queimadas e o uso inadequado do solo na agricultura e na pecuária têm provocado erosão e perda da biodiversidade desse bioma.

Conheça o nome científico de algumas plantas típicas do Pampa

Amendoim-nativo – *Arachis burkartii*
Babosa-do-campo – *Adesmia bicolor*
Barba-de-bode – *Aristida pallens*
Cabelo-de-porco – *Carex* sp.
Capim-forquilha – *Paspalum papillosum*
Flechilha – *Stipa neesiana*
Trevo-nativo – *Trifolium polymorphum*

Mata Atlântica

Na costa do país, encontra-se a maior faixa de Mata Atlântica, uma das áreas mais ricas em espécies da fauna e da flora mundial. Na Mata Atlântica, existem mais de 1.300 espécies de animais e cerca de 20 mil espécies de plantas, das quais cerca de 8 mil são exclusivas dessa floresta. A Mata Atlântica, originalmente, ocupava mais de 4.000 km do território nacional. Hoje, somando todos os fragmentos de floresta nativa acima de 3 hectares, há somente 12,5% da área original. Vários ecossistemas constituem a Mata Atlântica, como a restinga, o mangue e a mata de araucária, entre outras florestas.

A flora da Mata Atlântica apresenta grande diversidade de plantas: árvores (como embaúbas, ipês, guapuruvus, manacás-da-serra, jacarandás-brancos e palmitos-juçaras); espécies frutíferas (como jabuticabeiras, pitangueiras, cambucis, cambucás, cabeludinhas e uvaias); e arbustivas (como araçás, algodões-silvestres, ingás e fedegosos). A fauna da Mata Atlântica é composta por mamíferos (como micos-leões-dourados, onças-pintadas, bichos-preguiça e capivaras); aves (como garças, tiês-sangue, tucanos, araras, beija-flores e periquitos; répteis (como jararacas, jacarés-de-papo-amarelo e cobras-corais); anfíbios (como sapos-cururus, pererecas e rãs-vidros); e peixes (como dourados, pacus e traíras).

Paisagem: Mata Atlântica

Conheça o nome científico de algumas plantas típicas da Mata Atlântica

Algodão-silvestre – *Cochlospermum vitifolium*
Araçá – *Psidium cattleyanum*
Cabeludinha – *Myrciaria glazioviana*
Cambucá – *Plinia edulis*
Cambuci – *Campomanesia phaea*
Embaúba – *Cecropia pachystachya, Cecropia hololeuca*
Fedegoso – *Senna macranthera*
Guapuruvu – *Schizolobium parahyba*
Ingá – *Inga flagelliformis*
Ipê – *Tabebuia serratifolia, Tabebuia heptaphylla, Tabebuia alba*
Jabuticabeira – *Myrciaria caulifolia*
Jacarandá-branco – *Platymiscium pubescens, Swartzia macrostachya*
Manacá-da-serra – *Tibouchina mutabilis*
Palmito-juçara – *Euterpe edulis*
Pitangueira – *Eugenia uniflora*
Uvaia – *Eugenia pyriformis*

Conservação da biodiversidade

A enorme variedade de plantas existentes em nosso país favorece a criação de jardins de alta qualidade estética e ambiental. O uso de espécies nativas reproduz as características dos ecossistemas naturais, propicia a atração da fauna local e, com isso, contribui para a manutenção dos microclimas locais.

É possível observar, no entanto, que a exploração dos recursos naturais para desenvolvimento de algumas atividades pode ser prejudicial. A expansão das cidades, assim como as práticas de desmatamento – relacionadas à exploração ilegal de madeira, à criação de pastagens e à abertura de áreas de cultivo, entre outros – são ameaças reais para a conservação da biodiversidade. As áreas de floresta encontram-se cada vez mais reduzidas, gerando graves prejuízos ao clima e à sobrevivência de espécies nativas e dos seres humanos.

Diante desse contexto, o jardineiro tem um papel importante na conservação da biodiversidade. É possível destacar algumas ações que farão desse profissional um agente de preservação da natureza:

- Optar pela utilização de vegetação nativa nos projetos, colaborando para a manutenção dos ecossistemas locais e evitando a utilização excessiva dos recursos disponíveis, como água para irrigação, adubos para melhoria do solo, etc., para garantir a sobrevivência de plantas exóticas.

- Conscientizar a população sobre os benefícios do contato com a natureza e evitar, sempre que possível, a utilização de pavimentação com concreto, asfalto ou outro material que impermeabiliza o solo, impedindo, assim, a infiltração da água.

- Optar por práticas sustentáveis no dia a dia de trabalho e orientar os clientes quanto à adoção de hábitos que contribuam para a preservação da natureza – incentivando, por exemplo, a economia de água durante a irrigação e o uso de fertilizantes orgânicos, entre outros preceitos da jardinagem biológica.

Características e classificação das plantas

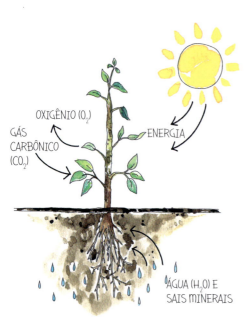

Fotossíntese

As plantas produzem energia para sua sobrevivência por meio de um processo chamado fotossíntese. Nesse processo, a água e os minerais do solo são absorvidos pelas raízes das plantas e levados, em forma de seiva, pelo caule até as folhas. Ao mesmo tempo, a clorofila, substância responsável pela coloração verde das plantas, capta a luz do sol, que se transforma em energia sintetizando substâncias orgânicas relacionadas ao crescimento de folhas e à reprodução dos vegetais.

Além de servir como alimento para vários seres vivos, inclusive o homem, as plantas geram inúmeros benefícios para a vida no planeta. Por meio da fotossíntese, elas absorvem o gás carbônico (CO_2) presente na atmosfera – que é expelido em sua maior parte pelos animais, ao expirar, quando respiram – e liberam oxigênio (O_2), elemento fundamental para a vida.

Como já falamos, as plantas necessitam de insolação para que a fotossíntese seja possível. Mas, para seu desenvolvimento pleno, são necessários ainda outros dois elementos: solo apropriado e água. Do solo, as plantas absorvem elementos minerais, como o nitrogênio, o fósforo, o cálcio e o ferro, fundamentais para sua sobrevivência. A água também é essencial para os vegetais, pois é o veículo responsável pela absorção e circulação das substâncias nutritivas presentes na seiva.

As plantas podem ser classificadas de várias maneiras. Vamos nos concentrar nas classificações de acordo com o grau de insolação e com a estrutura e função estética das espécies, as mais importantes para a prática da jardinagem.

1. Composição de plantas de sombra
2. Composição de plantas de meia-sombra

Composição de plantas de sol

A classificação de acordo com o grau de insolação distingue as espécies entre plantas de sombra, de meia-sombra e de pleno sol. Portanto, para que a vegetação se adapte bem ao jardim e assim se obtenha o efeito visual esperado, é fundamental saber em qual categoria ela está enquadrada.

Burle Marx e as plantas de sombra

O paisagista brasileiro Roberto Burle Marx realizou um trabalho muito importante de pesquisa e cultivo de espécies de sombra. Atualmente, muitas das espécies descobertas por ele, como a maranta-de-burle-marx (*Calathea burle-marxii*), são cultivadas nos sombrais de seu sítio em Guaratiba, Rio de Janeiro, e conservadas pelos funcionários da Fundação Roberto Burle Marx.

Para o melhor planejamento do jardim, é preciso ficar atento à insolação do terreno, observando a orientação cardeal do local, ou seja, a posição do terreno em relação aos polos norte, sul, leste e oeste. Pode-se usar uma bússola (que sempre apontará para o norte) ou simplesmente observar a posição do nascer ou do poente do sol. O sol sempre nasce a leste, percorre sua trajetória diária e se põe a oeste.

Nas regiões do hemisfério sul (ao sul da linha do Equador), a direção norte é a que recebe o sol mais forte e de forma mais direta. Jardins voltados para o norte deverão, portanto, utilizar plantas resistentes à insolação direta e intensa. Já os jardins localizados na direção sul, que recebem pouca insolação, deverão privilegiar as plantas de meia-sombra.

Diagrama de orientação solar

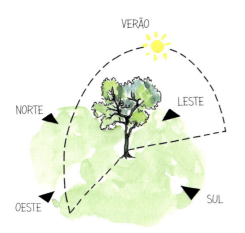
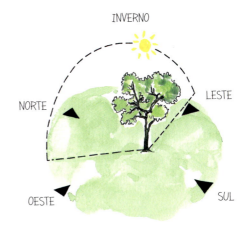

Como o sol nasce na direção leste, os jardins voltados para essa direção receberão insolação apenas na primeira metade do dia, enquanto os jardins voltados a oeste (direção oposta) receberão insolação após o meio-dia até o pôr do sol. Nesses dois últimos casos, devem ser utilizadas plantas que precisam de uma média de três a quatro horas de insolação direta por dia.

 Indicações para consulta

Para saber mais sobre as famílias das plantas, pode-se consultar livros de botânica ou sites especializados. Sugerimos os seguintes:

SITES:
http://www.ceapdesign.com.br
http://www.jardineiro.net
http://www.tudosobreplantas.com.br
http://www.arvoresbrasil.com.br

LIVROS:
Título: *Árvores brasileiras: manual de identificação e cultivo de plantas arbóreas nativas do Brasil*
Autor: LORENZI, Harri
Editora e ano: Nova Odessa: Plantarum, 2011-2014. 3 v.

Título: *Plantas para jardim no Brasil: herbáceas, arbustivas e trepadeiras*
Autor: LORENZI, Harri
Editora e ano: 2. ed. Nova Odessa: Plantarum, 2015.

Título: *Plantas alimentícias não convencionais (PANC) no Brasil*
Autor: LORENZI, Harri; KINUPP, Valdely
Editora e ano: Nova Odessa: Plantarum, 2014.

Título: *As plantas tropicais de R. Burle Marx*
Autor: LORENZI, Harri; MELLO FILHO, Luiz Emygdio de
Editora e ano: Nova Odessa: Plantarum, 2001.

Título: *Palmeiras no Brasil: nativas e exóticas*
Autor: LORENZI, Harri; SOUZA, H. M. de; MEDEIROS-COSTA, J. T.; CERQUEIRA, L. C. S. C.; BEHR, N. von (Coord.)
Editora e ano: Nova Odessa: Plantarum, 1996.

Título: *Árvores nativas*
Autor: SAUERESSIG, Daniel
Editora e ano: Irati: Plantas do Brasil, 2014. v. 1.

Título: *Plantas tropicais: guia prático para o novo paisagismo brasileiro*
Autor: VILAÇA, J.
Editora e ano: São Paulo: Nobel, 2005.

Já a classificação por aspectos ornamentais é importante porque possibilita melhor visualização do porte e da estrutura das espécies. Com isso, o profissional pode mais facilmente esboçar um plano de massas do jardim a ser projetado, o qual tem como objetivo localizar as massas de vegetação propostas, considerando também o grau de insolação das plantas, que deve ser compatível com a disponibilidade de luz no terreno.

A classificação por estrutura e função estética distingue as plantas entre gramados, forrações, herbáceas, arbustos, trepadeiras, palmeiras e árvores.

◀ Projeto de jardinagem: plano de massas

Gramados

Os gramados são utilizados em ambientes destinados ao pisoteio e à prática de esportes, por oferecem superfícies planas e de sensação agradável ao pisoteio. Necessitam de sol, e seu plantio requer alguns cuidados, principalmente na preparação do solo: é necessário analisar a composição da terra e realizar correções de pH (indica o grau de acidez do solo) e de fertilidade. O terreno precisa ser nivelado e estar livre das ervas daninhas, torrões de terra e pedras. Além disso, o solo deverá estar bem drenado e ter bom sistema de irrigação.

Os gramados são indicados para áreas externas destinadas ao pisoteio
▼

Grama no país do futebol

A grama é muito utilizada no Brasil, entre outros motivos, devido a sua grande importância na prática de esportes, em especial o futebol. Em projetos de clubes, sítios e residências, é a opção preferencial, tanto por seu aspecto visual quanto pela sensação de bem-estar provocada pela caminhada na grama.

A grama-bermuda (*Cynodon dactylon*) e a grama-esmeralda (*Zoysia japonica*) são as espécies mais utilizadas e de melhor aceitação no mercado. Em jardins residenciais, sítios ou condomínios, a espécie mais utilizada é a grama-esmeralda, em razão da praticidade, já que sua manutenção pode ser feita a cada sete ou quinze dias.

A grama-bermuda foi utilizada na maioria das reformas dos estádios para a Copa do Mundo de 2014, no Brasil, em variações como Tifway 419 (Manaus e Recife), Celebration (Belo Horizonte, Salvador, Rio de Janeiro e Brasília), Tifton 419 (Natal) e Tifgrand (Cuiabá e Porto Alegre). Ela se adapta ao clima quente, mas requer manutenção periódica: precisa de podas a cada dois ou três dias. Para a Arena da Baixada, de Curitiba, foi utilizada uma combinação de grama-bermuda Tifgrand, que tolera o calor dos dias de verão, com sementes de grama Ryegrass, mais bem adaptada ao inverno.

Forrações

As forrações são plantas herbáceas de pequeno porte, utilizadas para proteger o solo, fazer acabamento em composições com plantas maiores, evitar a incidência de plantas invasoras e manter a umidade do solo. São plantas floríferas ou de folhagens vistosas, presentes em várias famílias. São espécies que, diferentemente dos gramados, não suportam o pisoteio e têm variações que se adaptam aos locais com incidência de sol pleno, meia-sombra e sombra. As forrações podem ser cultivadas em canteiros, em grandes áreas ou mesmo serem plantadas em locais altos, como jardineiras ou floreiras de janelas.

◀ As forrações ajudam a proteger o solo da exposição ao sol e aos ventos

Forrações ou gramados?

A busca por manter a biodiversidade dos jardins envolverá, em algum momento, a escolha entre plantas de forração ou gramados para fazer a cobertura do solo. De acordo com a jardinagem biológica, deve-se optar por plantas de forração quando não houver necessidade de pisoteio ou quando as condições climáticas e de solo impossibilitarem o crescimento do gramado. Locais de solo muito seco ou áreas em declives, por exemplo, não são apropriados para o uso de grama. Nesses casos, as forrações são mais indicadas.

Outro aspecto a considerar é a manutenção. Os gramados, em geral, necessitam de muita irrigação e podas frequentes. Algumas forrações podem ser uma opção de mais fácil manutenção. No entanto, não se pode generalizar em relação às forrações, porque, ao contrário dos gramados, elas são compostas por espécies de diferentes famílias e, portanto, há espécies com grande durabilidade, mas há também muitas que são anuais e precisam de reposição frequente, por exemplo.

Apesar da durabilidade de algumas espécies de forração, elas não são indicadas para superfícies que serão pisoteadas, pois essas plantas não suportam peso e ficarão danificadas. Elas dificilmente vão proporcionar uma superfície lisa e aveludada como a dos gramados. Outra desvantagem é o custo: as mudas de forrações são mais caras, tornando o investimento maior para a cobertura de grandes áreas. O retorno do custo de instalação poderá ser obtido a longo prazo se forem utilizadas forrações de grande durabilidade.

Herbáceas

As herbáceas são espécies vegetais de caule macio, maleável e mais frágil, ou seja, não lenhosos, e com altura geralmente inferior a 2 m. Há espécies herbáceas pertencentes a várias famílias e adaptadas a diferentes graus de insolação. Em relação a seu ciclo de vida, há herbáceas perenes, anuais ou bianuais. Entre as espécies, há também grande variedade de estruturas, folhagens e inflorescências. As herbáceas geralmente são plantadas em jardineiras e vasos, compostas em canteiros com forrações e arbustos, criando um nível intermediário entre os dois. Muitas herbáceas também são utilizadas como forração. Alguns exemplos de herbáceas são a calateia-zebra (*Calathea zebrina*) e o falso-íris (*Neomarica caerulea*).

Em geral, as herbáceas criam um nível intermediário entre as forrações e os arbustos, mas podem ser utilizadas como forrações ▼

Arbustos

Os arbustos são espécies vegetais lenhosas, com ramificações desde a base e altura média de até 4 m. Estão presentes em várias famílias e podem ser utilizados na formação de cercas vivas ou em composições. Em alguns casos, podem ter suas formas moldadas pela poda, técnica conhecida como topiaria. Há espécies arbustivas de pleno sol, de meia-sombra e também de sombra.

A técnica conhecida como topiaria permite moldar arbustos, criando-se novas formas ▼

Os arbustos apresentam tamanhos e estruturas variados. Eles têm folhagem com diferentes formas, texturas, tamanhos e cores, e ainda é possível optar por tipos com ou sem flores. Deve-se tomar alguns cuidados no plantio de arbustos. É preciso conhecer o resultado de seu crescimento, desde a profundidade das raízes até a densidade da copa, o tipo de folhagem, a cor dos frutos e/ou das flores e sua época de frutificação e/ou floração.

Os arbustos são bastante utilizados na criação de cercas vivas ▼

Trepadeiras têm função ornamental, adornando cercas e pergolados

Trepadeiras

As trepadeiras apresentam grande variedade de formas, cores e texturas. Sempre necessitam de algum tipo de apoio para se fixar, e, dessa forma, são utilizadas em composições com árvores e palmeiras ou sobre suportes artificiais, como cercas, pergolados, treliças e muros. São muito úteis para gerar sombra, cobrir alguma superfície com vegetação, criar áreas com privacidade e suavizar a arquitetura com vegetação. As trepadeiras podem ter textura lenhosa, como a buganvília (*Bouganvillea spectabilis*), ou herbácea, como a lágrima-de-cristo (*Clerodendron thomsonae*).

Palmeiras

Muito resistentes e vistosas, as palmeiras permitem grande liberdade na composição de jardins ▼

As palmeiras são muito utilizadas nos projetos de jardinagem, principalmente em razão de sua forma e resistência. Criam bastante volume, podendo ser dispostas em grupos ou isoladamente. São encontradas em diversas alturas, e cada espécie apresenta um tipo de caule. Há palmeiras nativas e palmeiras exóticas já adaptadas ao Brasil. São utilizadas como símbolo de paisagens tropicais e permitem grande liberdade na composição. Destacam-se devido ao caule vistoso e à composição formada pelas folhas. A maioria das espécies tem caule único, mas há espécies que apresentam vários caules agrupados (touceiras). Não requerem cuidados especiais, apenas a retirada de folhas secas ou inflorescências velhas ou mortas.

Árvores

As árvores são espécies vegetais lenhosas, com ramificações que se iniciam na parte superior do caule. Estão presentes em várias famílias e apresentam portes variados: as pequenas têm, em geral, até 5 m de altura; as médias, entre 5 m e 10 m; enquanto as grandes passam de 10 m. É possível identificar vários formatos de copa.

Nos jardins, as árvores têm a função de amenizar ventos fortes e ruídos, dar privacidade, fornecer sombra e compor a paisagem. Deve-se conhecer o resultado das árvores após o crescimento: a textura do tronco e da folhagem, a densidade da copa, a cor dos frutos e/ou das flores, o aroma, além das épocas de frutificação e floração, para aproveitar ao máximo o potencial de cada espécie.

Formatos de copa de árvores: (1) globoso, (2 e 3) elíptico, (4) cônico, (5) colunar, (6) corimbiforme, (7) umbeliforme, (8) flabeliforme, (9) pendente e (10) irregular ▼

O local para posicionar as árvores deverá ser escolhido com cuidado. Árvores com raízes superficiais não devem ficar próximas a casas ou a calçadas, pois poderão interferir na estrutura e gerar danos à pavimentação. Espécies com copas muito densas e folhagem abundante são indicadas para áreas de insolação forte, sobretudo nos locais de clima quente.

As árvores criam áreas de sombra e compõem a paisagem

Plantas tóxicas

Algumas plantas comuns em jardins ornamentais no Brasil têm componentes tóxicos que podem gerar consequências graves.

Das espécies tóxicas mais utilizadas em jardins, destacam-se algumas da família das aráceas (como comigo-ninguém-pode e copos-de--leite) e da família das euforbiáceas (como avelós, coroas-de-cristo e pinhões-mansos). O uso dessas plantas não é indicado para locais por onde circulam crianças e animais, em razão do alto risco de toque ou ingestão de partes das plantas.

 Conheça o nome científico de algumas plantas tóxicas

Avelós – *Euphorbia tirucalli*
Comigo-ninguém-pode – *Dieffenbachia picta*
Copo-de-leite – *Zantedeschia aethiopica*
Coroa-de-cristo – *Euphorbia milii*
Pinhão-manso – *Jatropha curcas*

Partes das plantas

As plantas são compostas de raiz, caule e folhas. Algumas espécies têm flores e frutos, outras não. A raiz, o caule e as folhas são responsáveis pela manutenção da vida da planta, já as flores e os frutos se encarregam da multiplicação e da perpetuação das espécies.

Raiz

A raiz fixa a planta no solo e retira de lá a água e os nutrientes necessários para sua sobrevivência. As raízes são compostas pelas seguintes partes:

- *Zona suberosa ou de ramificação*: região onde são formadas as raízes laterais.

- *Zona pilífera*: apresenta pelos que absorvem água e nutrientes.

- *Zona lisa ou de crescimento*: promove o crescimento longitudinal da raiz.

- *Coifa*: membrana/tecido que reveste o ápice vegetativo da raiz.

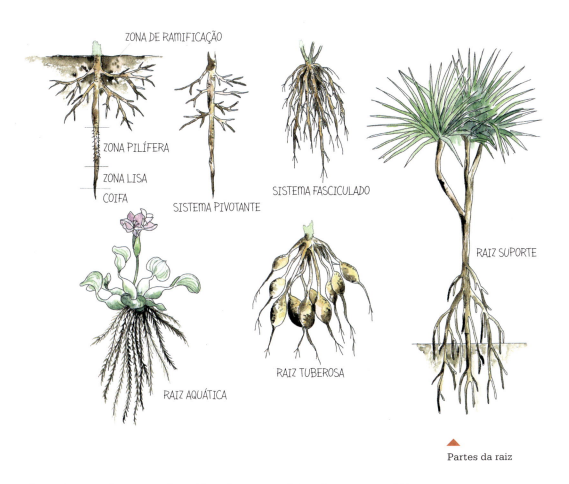

▲ Partes da raiz

As raízes podem ser classificadas em subterrâneas, aquáticas ou aéreas, de acordo com o meio em que se encontram.

Raízes subterrâneas

As raízes subterrâneas têm dois tipos fundamentais de sistemas radiculares: o pivotante e o fasciculado. O sistema pivotante (ou axial) alcança maior profundidade e apresenta uma raiz principal mais desenvolvida, na qual se formam raízes secundárias mais finas. Já o sistema fasciculado alcança somente camadas superficiais do solo e é composto por várias raízes finas, com aproximadamente o mesmo tamanho. As raízes subterrâneas podem ter outras funções além da fixação e absorção. As chamadas raízes tuberosas (como cenouras e batatas-doces) contêm uma reserva de nutrientes que as torna próprias para a alimentação.

Raízes aquáticas

As raízes aquáticas auxiliam a planta na flutuação e na respiração e podem ser fixas no substrato, nos pântanos e nos fundos de rios e lagos; ou podem flutuar livremente na água.

Raízes aéreas

As raízes aéreas são as que se desenvolvem parcial ou totalmente em contato com a atmosfera, apresentando diversas adaptações estruturais e funcionais. Nessa categoria, temos as raízes *suporte*, que se desenvolvem acima do solo como forma de reforçar a sustentação da planta (como em milhos e em espécies de mangue); as raízes *tabulares*, que lembram o aspecto de tábuas que servem para aumentar a base de apoio de plantas de grande porte; as raízes *estrangulantes*, que envolvem o tronco da planta hospedeira, crescendo em direção ao solo (como em figueiras-mata-pau); as raízes *grampiformes*, que permitem a fixação do vegetal em lugares íngremes (como em heras); as raízes *pneumatóforas*, que auxiliam na respiração, emitindo ramificações verticais ascendentes para fora do solo encharcado (como em espécies de mangue e pântanos); e as raízes *sugadoras*, que estão presentes em plantas parasitas que retiram nutrientes da planta hospedeira (como ervas-de-passarinho).

 Conheça o nome científico dessas plantas

Batata-doce – *Ipomea batatas*
Cenoura – *Daucus carota*
Erva-de-passarinho – *Struthantus flexicaulis*
Figueira-mata-pau – *Ficus guaranitica*
Hera – *Hedera helix*
Milho – *Zea mays*

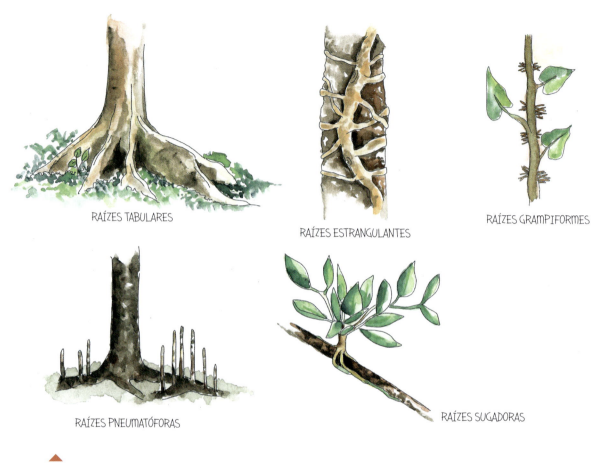

▲ Tipos de raiz

Caule

O caule tem duas principais funções: a condução ou o transporte das seivas e a sustentação da copa. O caule compõe-se das seguintes partes:

- *Gema apical*: permite o crescimento do caule em extensão.

- *Nós*: onde se localizam as gemas, as folhas, as flores ou os ramos laterais.

- *Gemas laterais*: originam as folhas, as flores ou os ramos laterais.

- *Entrenó*: regiões do caule situadas entre dois nós consecutivos.

Os caules podem ser classificados em aéreos e subterrâneos. Entre os aéreos, estão os *troncos*, robustos e lenhosos, mais desenvolvidos na base e com ramificações no ápice (como na maioria das árvores); os *estipes*, lenhosos e cilíndricos com folhas no ápice (como em palmeiras); as *hastes*, verdes e de pequeno diâmetro (como em herbáceas); os *colmos*, com nítida divisão entre nós e entrenós (como em bambus);

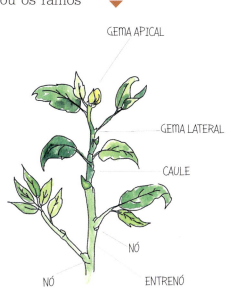

Partes do caule

os *rastejantes*, que crescem se apoiando no solo (como em morangos); e os *trepadores*, que crescem se apoiando em um suporte (como em trepadeiras). Os subterrâneos podem ser *rizomas* (como gengibres), *tubérculos* (como batatas-inglesas) ou *bulbos* (como cebolas e lírios).

Tipos de caule

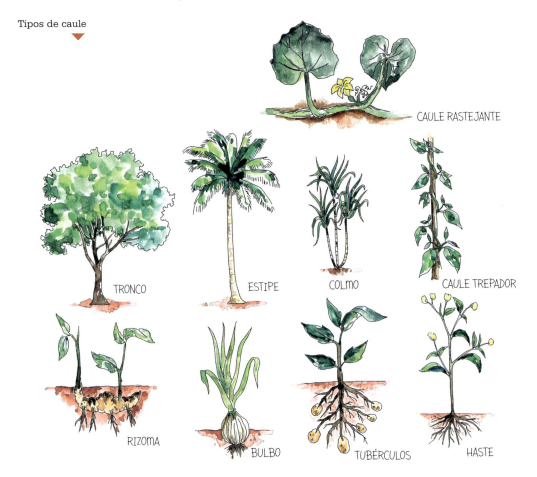

> **🌿 Conheça o nome científico dessas plantas**
>
> Batata-inglesa – *Solanum tuberosum*
> Cebola – *Allium cepa*
> Gengibre – *Zingiber officinale*
> Lírio – *Lilium* sp.

Folhas

As folhas são responsáveis por absorver o CO_2 do ar e realizar a fotossíntese. Elas são compostas das seguintes partes:

- *Limbo*: superfície plana e ampla, sustentada pelas nervuras, que possibilita maior área para a captação de luz solar e CO_2.

- *Pecíolo*: eixo que sustenta a folha e a conecta ao caule.

- *Bainha*: parte terminal do pecíolo que faz a conexão com o caule.

- *Estípulas*: estruturas laminares que ficam na base da folha.

- *Nervura*: filamentos vasculares que se ramificam pelo limbo das folhas e pelas pétalas de algumas flores.

Partes da folha

As folhas podem ser classificadas:

- *Quanto à aparência do limbo*: em *simples*, quando o limbo é formado por apenas uma lâmina; ou *compostas*, quando a lâmina foliar é dividida em várias unidades.

- *Quanto à forma do limbo*: em *cordiformes*, que lembram formato de coração; *elípticas*, que lembram uma elipse; ou *deltoides*, que lembram o formato de um delta.

- *Quanto ao ápice da folha*: em *agudas*, *obtusas* ou *arredondadas*.

- *Quanto à margem*: em *inteiras*, sendo lisas e sem recortes; *denteadas*, com dentes arredondados ou pontiagudos; ou *partidas*, com recortes profundos.

Tipos de folha

Flores

As flores agregam beleza, cor e perfume aos jardins, mas seu objetivo na natureza é contribuir para a geração de sementes e, portanto, para o ciclo reprodutivo da planta. A flor pode ser formada por:

- *Cálice*: constituído pelas sépalas.
- *Corola*: constituída pelas pétalas.
- *Androceu*: constituído pelos estames.
- *Gineceu*: constituído pelos pistilos.
- *Pedúnculo*: haste que sustenta uma inflorescência e posteriormente o(s) fruto(s).

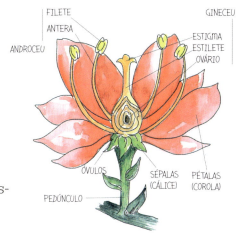

Partes da flor

As partes férteis da flor são o gineceu (parte "feminina") e o androceu (parte "masculina"). As sépalas têm função de proteção e as pétalas têm a função de atrair espécies polinizadoras, como insetos, pássaros e morcegos, que trazem o pólen de outra flor da mesma espécie, iniciando, assim, a fecundação, que vai transformar a flor, dando origem aos frutos e às sementes. Cada espécie tem características específicas, portanto nem sempre esses elementos estão presentes nas flores.

As plantas floríferas podem ser classificadas de inúmeras formas. Uma dessas classificações é de acordo com os tipos de inflorescência, ou seja, seus tipos de agrupamentos de flores. Nas inflorescências, as flores podem ou não ser pediceladas, ou seja, ter pedicelos, que são as hastes que as sustentam. Alguns tipos de inflorescência são: *racemo*, quando as flores pediceladas são dispostas em um único eixo e localizadas em diferentes pontos no eixo principal; *corimbo*, semelhante ao racemo, mas as flores pediceladas atingem a mesma altura; *espiga*, também semelhante ao racemo, mas as flores não são pediceladas; *capítulo*, semelhante à espiga, mas com eixo muito curto, espessado ou

Tipos de inflorescência
▼

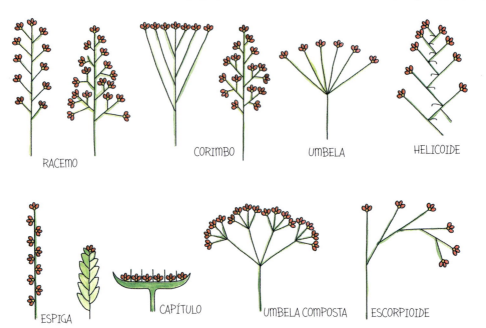

achatado que forma um receptáculo; *umbela*, quando as flores pediceladas são inseridas na mesma altura do eixo principal; *escorpioide*, quando as flores se desenvolvem sempre do mesmo lado do eixo; *helicoide*, quando as flores se desenvolvem em lados alternados do eixo de forma helicoidal; entre outros.

Frutos

Os frutos se originam da flor e funcionam como um envoltório para proteger a semente ou o conjunto de sementes da planta. Muitos frutos são secos, e sua abertura, às vezes, explosiva, permite a liberação das sementes, que podem ser lançadas a certa distância da planta-mãe. Outros frutos, durante o processo de amadurecimento, tornam-se suculentos ou adquirem cores chamativas e aromas agradáveis. Assim, eles se tornam atrativos para animais, que, ao se alimentarem deles, dispersam também as sementes da planta, auxiliando em sua propagação. As espécies frutíferas também são muito apreciadas pelas pessoas, e pode ser interessante incorporá-las aos jardins.

As sementes são grãos que, quando colocados na terra com condições adequadas de umidade e temperatura, vão germinar, dando origem a um novo indivíduo da mesma espécie da planta-mãe. A reprodução por sementes é considerada o método mais natural de reprodução de grande parte das espécies vegetais e, para o profissional, é o método mais econômico e mais gratificante. No entanto, às vezes, é difícil encontrar sementes de algumas plantas, ou o período de germinação é muito longo. E, nesses casos, torna-se necessário investir em outros métodos, como estacas e enxertos.

As plantas e as condições climáticas

A escolha das espécies para montar um jardim está diretamente relacionada com o clima. Algumas plantas precisam de mais calor e mais umidade; outras, de clima seco e frio. Muitas espécies não suportam invernos rigorosos, enquanto outras necessitam dos períodos de inverno para hibernarem e se desenvolverem completamente.

O Brasil é um país com uma riqueza enorme em sua vegetação, relacionada principalmente aos múltiplos ecossistemas existentes e à variedade de climas. A escolha das plantas deverá levar em consideração o clima do local, como discriminado a seguir.

- *Clima subtropical*: apresenta grande variação de temperatura entre verão e inverno, não tem estação seca e as chuvas são distribuídas de maneira uniforme ao longo do ano. A vegetação nesse tipo de clima varia de acordo com a altitude do local: em áreas mais altas, são encontrados bosques de araucárias; e, nas planícies, encontram-se os Pampas, áreas de campos com vegetação rasteira. Esse clima está presente na região Sul do Brasil (Paraná, Santa Catarina e Rio Grande do Sul), sul do Mato Grosso do Sul e sul de São Paulo.

- *Clima semiárido*: apresenta longos períodos de seca e chuvas ocasionais em alguns meses do ano. As temperaturas são altas todo o ano e a vegetação característica é a de caatinga. Ocorre nas regiões Nordeste e Sudeste (norte de Minas Gerais).

- *Clima equatorial úmido*: apresenta uma estação de seca curta e chuvas distribuídas ao longo de todo o ano, em grandes quantidades, com altos índices pluviométricos, altas temperaturas e índices de umidade também altos. É o clima predominante na Amazônia.

- *Clima equatorial semiúmido*: comparado ao clima equatorial úmido, apresenta uma média pluviométrica mais baixa e duas estações marcadas, a chuvosa e a de seca. Ocorre apenas em uma parte de Roraima bastante quente e menos chuvosa. As temperaturas são amenizadas por tratar--se de território de relevo acidentado.

- *Clima tropical*: presente em várias partes do território brasileiro, apresenta temperaturas altas durante todo o ano, índice pluviométrico mais elevado das áreas litorâneas e duas estações marcadas, a chuvosa (verão) e a de seca (inverno). É o clima da região central do Brasil, em uma porção da região Centro-Oeste, e também tem ocorrência no Nordeste.

- *Clima tropical de altitude*: apresenta médias de temperatura mais baixas que o clima tropical e concentração de chuvas no verão. O índice de pluviosidade é influenciado pela proximidade com o oceano. É predominante no centro do estado de São Paulo, no centro-sul de Minas Gerais e nas regiões serranas do Rio de Janeiro e do Espírito Santo.

O conhecimento do clima da região é essencial para que o jardineiro possa prever a evolução dos jardins, os ciclos de crescimento e as medidas de manutenção necessárias ao longo de sua vida útil. Além do conhecimento geral sobre os climas brasileiros, o jardineiro deverá buscar mais informações sobre o local em que vai trabalhar, como a direção dos ventos, a insolação e os efeitos causados pela topografia. Obter o maior número possível de informações ajudará a manter a vida das plantas nos jardins.

Por exemplo, as áreas que sofrem influência do oceano Atlântico têm clima ameno e temperaturas regulares, exceto por alguns curtos períodos extremos de calor e frio. Há benefícios gerados pela influência marítima, porém também é necessário considerar a ação dos ventos, das ondas e a presença constante de uma forte umidade no ambiente. Os jardineiros dessas regiões deverão conhecer espécies de restinga e optar por plantas que resistam aos ventos intensos, à maresia e à salinidade e que apreciem os períodos de calor intenso, como as da família das clúsias, das cactáceas, dos antúrios e das ipomeias.

Espécies de restinga

3

SOLO

Tipos de solo

Como jardineiro, você precisa conhecer as propriedades do solo e saber o que pode fazer para prepará-lo para o cultivo das plantas. O solo tem diversas camadas, mas você só vai trabalhar nas mais superficiais, que se apresentam frágeis e instáveis devido à maior exposição às chuvas, aos ventos, às geadas, etc. Nessa camada, as plantas vão fixar suas raízes e buscar nutrientes.

O solo é composto de diversos elementos físicos e orgânicos. É importante que o jardineiro identifique o tipo de solo disponível no terreno a ser implantado o jardim e também saiba como torná-lo mais favorável ao plantio, considerando as espécies que queira plantar.

A classificação mais utilizada pelo jardineiro no dia a dia é a da composição do solo. Essa classificação diz respeito às condições do solo superficial que você encontrará no momento do plantio e inclui o histórico recente, que pode indicar, por exemplo, sua contaminação por usos anteriores.

Camadas do solo

As camadas superficiais do solo são formadas por quatro elementos principais: argila, areia, calcário (carbonato de cálcio) e húmus. A predominância de um desses elementos define o solo como argiloso, arenoso, humífero ou calcário.

Solo argiloso

O solo argiloso é formado por mais de 30% de argila, tem grãos muito pequenos e, por isso, há pouco espaço entre eles, o que faz com que retenha água, não permitindo que ela infiltre em camadas mais profundas. É, portanto, um solo úmido, pesado, pegajoso, compacto e tem um comportamento impermeável. Em épocas de chuva, é difícil trabalhar nesse tipo de solo, já que ele se compacta com facilidade. Após os períodos chuvosos, o solo seca e surgem fissuras.

Solo arenoso

O solo arenoso é o que contém mais de 70% de areia em sua composição. A grande quantidade de areia torna o solo leve, poroso e fácil de trabalhar. Devido à facilidade com que a água se infiltra entre os grãos, torna-se um solo muito permeável e seco, que não retém água para as plantas. Além disso, a água carrega consigo os nutrientes do solo para as camadas mais profundas, tornando-o pobre.

Solo humífero

O solo humífero tem mais de 10% de húmus, resultado da decomposição de animais e plantas mortas ou de seus subprodutos. O húmus torna o solo mais fértil e aerado, sendo o mais indicado para o cultivo da maioria das plantas.

Solo calcário

O solo calcário é composto por grandes quantidades de partículas rochosas e tem mais de 30% de calcário. Caracteriza-se por não reter a água, ocasionando uma rápida infiltração, o que torna esse tipo de solo pobre em nutrientes. Por essas razões, não é propício para plantio, já que são poucas as espécies adaptadas a esse tipo de solo, incomum no Brasil.

1. Terra argilosa
2. Terra arenosa
3. Terra humífera

Antes de iniciar qualquer projeto de jardim, convém analisar se o solo é adequado ao cultivo desejado. Em alguns casos, pode-se fazer ajustes na estrutura do solo com o objetivo de torná-lo mais aerado, trabalhável e fértil, criando condições próximas às do solo ideal para a espécie que se deseja plantar. Esses ajustes poderão ser feitos com acréscimo de substrato, matéria orgânica, areia ou cal, conforme cada caso.

Solos arenosos ou calcários, por exemplo, necessitarão de adições de solo argiloso e também de um pouco de húmus, para equilibrar suas propriedades. Já os solos argilosos podem precisar de ajustes para aumentar sua permeabilidade, devendo-se agregar areia. Os ajustes necessários para melhorar a permeabilidade, a fertilidade e a oferta de nutrientes do solo devem ser realizados de acordo com o tipo de cultivo previsto.

Terra equilibrada
▼

Além de facilmente trabalhável e rico em matéria orgânica, o solo ideal deverá conter os elementos químicos indispensáveis para o desenvolvimento dos vegetais: o nitrogênio (N), o fósforo (P) e o potássio (K). Para confirmar a presença ou a ausência desses elementos no solo, é necessário coletar amostras e realizar uma análise em laboratório.

Os processos sofridos pelo solo ao longo do tempo, principalmente em decorrência da ação do homem, podem alterar suas características originais. Portanto, conhecer informações sobre o histórico recente do terreno auxilia a ter mais conhecimento sobre as condições da terra disponível.

O histórico do local poderá conter informações importantes sobre as práticas agrícolas preexistentes, que alteram a composição dos solos por meio dos cultivos. Também pode conter informações sobre indústrias existentes na região, que eventualmente tenham lançado resíduos, gerando contaminação.

Obter precisão quanto ao histórico de um solo é uma tarefa difícil, porém pode ajudar a identificar escassez de recursos para os usos esperados ou eventuais contaminações. No entanto, a descrição detalhada dos componentes do solo só será obtida por meio de análise química.

Análise do solo

A melhor forma de obter um resultado preciso na análise do solo é coletar amostras no local e encaminhá-las a um laboratório de agronomia. Assim, será possível identificar a quantidade de cada nutriente existente (nitrogênio, fosfato, potássio, cálcio, etc.), o valor do pH do solo e se há substâncias tóxicas.

O que é pH?

O pH é o fator que estabelece o grau de acidez do solo. Ele é medido e, se for menor que 7, teremos uma terra ácida; se for maior que 7, a terra será básica; se for exatamente 7, o pH é neutro. A maior parte das plantas se adapta bem a solos com pH entre 6,5 e 7,2, portanto essa faixa é considerada ideal.

Há um teste simples e prático para avaliar se um solo é básico, ácido ou neutro. Pegue uma amostra de solo e adicione um pouco de vinagre: se aparecerem bolhas, é sinal de que o solo é básico. Se não ocorrer nada, acrescente em outra amostra do mesmo solo um pouco de bicarbonato de sódio dissolvido em água: se aparecerem bolhas, é sinal de que o solo é ácido. Se não aparecerem bolhas nem com o vinagre, nem com o bicarbonato de sódio, significa que o solo é neutro. Você deve saber que o resultado desse teste não é preciso. Para obter um resultado confiável, recomenda-se que a amostra seja encaminhada para um laboratório de agronomia.

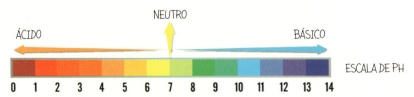

A coleta de amostras de solo requer alguns cuidados. Inicialmente, deve-se observar o terreno. Se ele apresentar uma vegetação espontânea homogênea, presume-se que o solo terá poucas variações em sua composição. Nesse caso, a análise de apenas uma amostra é suficiente se a área tiver menos de 1.000 m². As amostras são obtidas retirando-se três ou quatro porções do solo de diferentes trechos do terreno e misturando-as.

Se a vegetação espontânea é diferenciada ao longo do terreno, recomenda-se a retirada de amostras para cada uma das áreas diferentes identificadas. Para cada amostra, deve-se reproduzir o procedimento citado, ou seja, misturar três ou quatro

Coleta de amostras do solo para análise

porções do solo, retiradas de diferentes trechos do terreno, que apresentarem, visualmente, as mesmas características.

Se houver previsão de plantio de árvores no terreno, é necessário fazer uma análise do subsolo. Para isso, deve-se coletar uma amostra retirada de maior profundidade (a partir de 30 cm). Esse procedimento é especialmente indicado para o caso de serem plantadas espécies de sistema radicular pivotante, aquelas que têm uma raiz central com raízes laterais interligadas e penetram de forma profunda no solo.

Pode-se, ainda, deduzir algumas características do solo apenas com a observação. Em alguns casos, só de olhar a cor e o aspecto da terra, é possível identificar o tipo de solo. Alguns testes práticos ajudarão a defini-lo. No entanto, é importante reiterar que informações precisas quanto à acidez (pH) e às quantidades de cada um dos nutrientes presentes – fatores que influenciam diretamente no crescimento das plantas – só poderão ser conhecidas por meio das análises químicas citadas anteriormente.

Os procedimentos para conhecimento da composição do solo são ferramentas úteis que devem ser aplicadas conforme cada situação para favorecer seu trabalho. Adquirir habilidade para escolher e aplicar essas técnicas lhe permitirá preparar jardins com maior rapidez e eficiência.

Testes práticos de análise do solo

Principais passos para a aplicação de um teste prático de análise do solo:

A) Observar a cor e o aspecto da terra.
B) Formar uma bola nas mãos com um punhado de terra úmida.
C) Observar a vegetação espontânea.

Realizados esses procedimentos, pode-se deduzir qual o tipo de solo de acordo com a seguinte classificação:

1 – TERRA ARGILOSA (acima de 30% de argila)
Cor: ocre a marrom.
Aspecto da terra: pesado e pegajoso em tempos úmidos e com tendência a apresentar fissuras em tempo seco.
Bola: forma-se facilmente e não se quebra com a exposição ao sol.
Propriedades: retém a água e os elementos fertilizantes.
Possíveis intervenções: incorporar um pouco de areia, para melhorar a drenagem, e adubo.

2 – TERRA CALCÁRIA (acima de 30% de calcário)
Cor: esbranquiçada.
Aspecto da terra: apresenta muitos seixos.
Bola: impossível formar uma bola com um pouco de terra úmida.
Propriedades: solo bastante alcalino, retém mal a água e os elementos nutritivos.
Possíveis intervenções: incorporar regularmente turfa, para aumentar a acidez, e esterco e outros adubos, para aumentar a fertilidade do solo.

3 – TERRA ARENOSA (acima de 70% de areia)
Cor: amarelada a cinza.
Aspecto da terra: granuloso e leve.
Bola: muito difícil de formar uma bola, mesmo molhando-se bastante a terra.
Propriedades: solo muito ácido, permite a passagem de água e ar.
Possíveis intervenções: agregar adubo, estrume e até um pouco de terra argilosa. O uso da palha será útil para limitar a evaporação de água no verão.

4 – TERRA HUMÍFERA (acima de 10% de húmus)
Cor: escura a muito escura.
Aspecto da terra: esponjoso, com detritos vegetais aparentes.
Bola: não assume a forma da palma da mão.
Propriedades: solo ácido que retém água, muito rico em matéria orgânica.
Possíveis intervenções: incorporar calcário e areia para drenagem.

5 – TERRA EQUILIBRADA
Cor: marrom-escura a preta.
Aspecto da terra: aerado.
Bola: fácil de fazer uma bola, que se desfaz ao ser exposta ao sol.
Propriedades: tem a matéria orgânica e os elementos nutritivos necessários para as culturas.

Preparo do solo

Depois de conhecidas as características do solo, é preciso fazer sua regulação de acordo com o plantio previsto, incluindo os ajustes mecânicos, como capinar e afofar o solo, e os ajustes em sua composição, com o uso de fertilizantes, corretivos e condicionadores de solo.

Capinar e afofar

Antes de preparar o solo, é importante retirar qualquer espécie de lixo ou entulho do terreno. Com a superfície livre, é possível verificar as coberturas de solo existentes e identificar ervas daninhas ou espécies indesejadas. A retirada dessas espécies é a primeira etapa para preparar o solo, que, no caso de pequenas áreas, pode ser realizada por meio de capina manual, arrancando a planta com as mãos ou com o auxílio de ferramentas como a enxada, o sacho comum ou sacho de coração, o arrancador de inço, etc., dependendo do tipo e do tamanho das ervas daninhas.

O importante é se certificar de que as raízes da erva daninha foram retiradas, para que não cresçam novamente. A roçadeira é muito utilizada para capinar, contudo, apesar de ser

Capina manual

prática e requerer menos esforço, essa ferramenta só corta a planta rente ao solo, não a eliminando desde a raiz, como outras ferramentas.

No caso de propriedades maiores, pode-se fazer o controle biológico de pragas, como pulgões, com a inserção de joaninhas no jardim, ou adotar a capina química, com o uso dos herbicidas tradicionais, como o glifosato.

No entanto, por ser bastante prejudicial ao meio ambiente e ao ser humano, a capina química deve ser realizada com muito cuidado e somente quando for extremamente necessária. A melhor solução é prevenir o aparecimento de ervas daninhas. Você pode fazer isso protegendo o solo com palha e folhas ou mesmo plantando espécies de forração ornamentais.

Alguns jardineiros, após a capina, reviram o solo com o intuito de descompactá-lo, cavando profundamente e quebrando os torrões maiores. Todavia, essa prática pode ser agressiva e deve ser evitada, porque, durante o processo, as camadas superficiais, onde se encontram os micro-organismos e nutrientes, podem ser prejudicadas ou deslocadas para áreas mais profundas, fora do alcance das raízes das plantas. Além disso, essa atividade, realizada de forma repetitiva, pode afetar a coluna do jardineiro, pois requer grande esforço físico quando executada com ferramentas manuais.

Em vez de revirar o solo, pode-se apenas afofá-lo, que é um procedimento menos agressivo. O afofamento do solo consiste em movimentar somente a camada superficial com um garfo ou escardilho. Esse procedimento deve ser realizado apenas entre 2 cm e 5 cm de profundidade, para evitar danos às raízes das plantas e aos micro-organismos benéficos presentes no solo. Após o procedimento, o solo deve ser coberto com cascalho, seixos, palha ou folhas secas, a fim de diminuir a evaporação e, assim, conservar sua umidade.

Afofar o terreno apresenta muitas vantagens, já que torna a camada superficial do solo mais permeável à água e ao ar. Também melhora as condições para os micro-organismos existentes, além de limitar a evaporação da umidade, permitindo reduzir a frequência da rega. É recomendado afofar o solo sempre que ele esteja superficialmente compactado, antes de semear ou começar as plantações, e ao longo da primavera e do verão, quando houver uma casca superficial na terra.

Corrigir, condicionar e fertilizar

Além dos procedimentos mecânicos de capinar e afofar, o preparo do solo inclui ajustes em sua composição, para que as plantas cresçam e se desenvolvam de maneira saudável. Esses ajustes podem ser feitos com corretivos, condicionadores de solo e fertilizantes. Os corretivos servem para ajustar o pH dos solos. Os condicionadores visam melhorar sua estrutura física, físico-química ou sua atividade biológica. E os fertilizantes fornecem os nutrientes ausentes no solo.

A superfície do solo deve ser afofada após a capina

Corretivos de solo

Os corretivos de solo são uma forma de ajustar seu pH para o cultivo das plantas. De maneira geral, com relação ao pH, uma estrutura de solo levemente ácida é a mais indicada para jardins ornamentais, enquanto para hortas recomenda-se solo mais básico – exceto para o cultivo de batatas e aspargos, que devem ser plantados em solos ácidos. Um procedimento muito empregado para melhorar o pH de solos ácidos é a calagem, que consiste em adicionar calcário à terra para corrigir o solo que apresenta altos níveis de acidez.

Produtos como cal virgem, cal apagada, calcário calcinado, conchas marinhas moídas, cinzas e calcário podem ser utilizados como corretivos para a acidez do solo. Esses produtos são comercializados com a indicação de seu poder relativo de neutralização total (PRNT), cujo valor define sua efetividade no processo de calagem.

Condicionadores de solo

Os condicionadores do solo vão torná-lo mais fácil de trabalhar, aumentar sua capacidade de drenagem e estocagem de água, além de limitar a perda de nutrientes e melhorar a circulação de ar. Eles devem ser utilizados de acordo com o tipo de solo e com a cultura prevista. O esterco, a turfa, o composto orgânico e a adubação verde podem ser usados com essa finalidade.

O *esterco* é um elemento tradicional para melhorar o solo dos jardins. Funciona como condicionador e como fertilizante orgânico, sendo muito rico em nitrogênio. É formado por dejetos de animais domésticos, como de galinhas e bovinos, misturados com palha. É importante que o esterco seja compostado (por meio da técnica de compostagem) ou estabilizado (envelhecido por cerca de seis meses) para evitar a liberação de micro-organismos patogênicos que possam existir no material.

A *turfa* surge da decomposição de musgos e juncos em lugares úmidos e pobres em oxigênio, sendo um produto resultante de um estado de decomposição avançado. Ela não agrega elementos fertilizantes ao solo, mas melhora muito sua estrutura física. Torna-o mais leve e agrega bastante matéria orgânica, funcionando, portanto, como um bom condicionador de solo.

O *composto orgânico* é resultado da decomposição de diversos elementos orgânicos, como cortes de plantas, cascas, serragem, esterco e resíduos diversos. Ao se misturarem, esses componentes produzem uma matéria orgânica heterogênea e rica. Sua qualidade depende dos elementos constituintes.

Um método muito comum de compostagem é a vermicompostagem, que utiliza minhocas. Elas não são imprescindíveis, mas tornam a compostagem mais rápida. A espécie utilizada é a minhoca vermelha da terra, também conhecida como minhoca vermelha da Califórnia, pois ela se reproduz com facilidade, tem vida longa e é bastante resistente.

É possível fabricar sua própria compostagem a partir da decomposição de resíduos orgânicos domésticos. Além de produzir um fertilizante orgânico e condicionador de solo muito potente, essa é uma solução para parte do lixo urbano, que pode ser adotada nas residências.

Como fazer uma vermicomposteira ou minhocário

O modelo de composteira que utiliza minhocas pode ser chamado de minhocário e é formado por três recipientes que se encaixam em uma pilha vertical. É possível comprar esses recipientes e montar a composteira em casa, porém no mercado existem opções prontas, de diferentes tamanhos e capacidades.

Todos os recipientes devem ser fechados, mas é preciso fazer furos na parte superior das paredes das caixas, para a entrada de ar, e no fundo das duas caixas superiores, para que o líquido proveniente dos resíduos escorra para a caixa inferior. Os recipientes devem ser forrados internamente com tela mosqueteira, inclusive a tampa. O recipiente posicionado na parte inferior pode ter acoplada uma torneira, para facilitar a retirada do chorume. Esse chorume retirado do sistema é limpo e rico em nutrientes, podendo ser borrifado sobre as plantas em solução com água.

Para iniciar a vermicompostagem, é necessário ter todos os componentes: recipientes, jornais secos, minhocas, substrato e folhas secas

Composteira

(ou material similar, como cascas de árvore, grama, palha ou serragem). Depois de empilhar os recipientes, deve-se fazer uma cama de jornal úmido, com cerca de dois ou três dedos de altura, no recipiente superior, adicionar a terra, as minhocas e o material orgânico compostável. O material orgânico não deve ser espalhado na terra, mas concentrado em uma região e coberto com as folhas secas e a serragem. Todos os materiais devem ser cobertos de forma que, quando o recipiente for aberto, nenhum material orgânico esteja visível.

Os materiais que podem ser utilizados na compostagem diferenciam-se entre verdes e marrons. Os verdes são ricos em nitrogênio e úmidos; e os marrons, secos e ricos em carbono. Deve-se equilibrar a quantidade de cada um desses constituintes: de duas a três medidas de marrons para uma de verde. Essa proporção vai garantir que não haja acúmulo de materiais verdes não digeridos, evitando o apodrecimento e o aparecimento de larvas de moscas.

São materiais verdes: cascas de legumes e frutas, borra de café, restos de pão, arroz, massas, cascas de ovos esmagadas, folhas e sacos de chá e cereais. E são resíduos marrons: aparas de madeira, serragem, feno, palha, grama, folhas e ervas secas, pequenos ramos secos e pequenas quantidades de cinzas.

Não devem ser colocados peixes, carnes, laticínios e gorduras em geral, ossos e fezes de animais carnívoros, plantas doentes, papéis higiênicos, óleo, e deve-se evitar o limão. Além disso, não devem entrar na composteira materiais que possam ter recebido pesticidas, nem plantas com raízes e sementes de plantas daninhas em fase de germinação, pois podem propiciar o nascimento de uma planta no interior da composteira.

Semanalmente, deve-se verificar a evolução das minhocas, adicionar matéria orgânica e água, revolver um pouco a terra e tampar a composteira novamente com jornal seco. De três a quatro vezes por ano, é recomendável renovar a "cama de minhocas". Para tanto, libera-se uma parte da composteira e coloca--se uma nova camada de jornal úmido, terra e matéria orgânica.

A *adubação verde* consiste em associar à plantação original outras espécies que podem funcionar como condicionadores de solo e fertilizantes orgânicos. A escolha das espécies é de extrema importância.

Conheça o nome científico dessas plantas
Feijão-guandu – *Cajanus cajan*
Mucuna-preta – *Mucuna pruriens*
Crotalária-ochroleuca – *Crotalaria ochroleuca*

Deve-se optar por plantas que contribuam para o aumento na produtividade da plantação original, sem competir pelos mesmos recursos ou espaço. Em pomares, por exemplo, utilize espécies de menor porte, que apenas criarão um colchão vegetativo entre as plantas frutíferas. Para solos que necessitarem de acréscimos de nitrogênio, recomenda-se o uso de leguminosas, como feijões-guandu, mucunas-pretas e crotalárias-ochroleucas.

Leguminosas para adubação verde
▼

CROTALÁRIA-OCHROLEUCA

MUCUNA-PRETA

FEIJÃO-GUANDU

Já o excesso de nitrogênio em solos pode ser bem resolvido com o plantio de gramíneas, como o milheto (*Pennisetum glaucum*) e a aveia-preta (*Avena strigosa*). É preciso apenas ter cuidado para que as gramíneas não se propaguem no terreno e impeçam o desenvolvimento da cultura original.

Conheça o nome científico dessas plantas

Milheto – *Pennisetum glaucum*
Aveia-preta – *Avena strigosa*

Gramíneas para adubação verde

MILHETO   AVEIA-PRETA

Os adubos verdes são utilizados de três maneiras: em pré--cultivo, quando são semeados antes da cultura para serem capinados e incorporados a ela posteriormente; em consórcio, quando são plantados junto às culturas, tendo seu corte e depósito de material vegetal feito ao mesmo tempo em que a cultura se desenvolve; e em faixas paralelas, uma destinada ao cultivo principal e outra ao adubo verde, que será cortado periodicamente e depositado sobre o cultivo.

Um dos inconvenientes da utilização da adubação verde é o tempo necessário: em alguns casos, é preciso esperar todo um ciclo sazonal para a renovação do solo e o plantio do jardim.

Os *fertilizantes* ou *adubos* têm a função de agregar nutrientes às plantas. As substâncias que devem estar presentes no solo em maiores quantidades para o bom desenvolvimento das plantas são denominadas macronutrientes. São eles: nitrogênio (N), fósforo (P), potássio (K), cálcio (Ca), magnésio (Mg) e enxofre (S), sendo os três primeiros os principais. Além desses, há também os micronutrientes, que são necessários em menor quantidade. São eles: manganês (Mn), zinco (Zn), cobre (Cu), ferro (Fe), molibdênio (Mo), boro (B) e cloro (Cl).

Formas rápidas de identificar deficiências no solo

Se você suspeita de que uma planta está sofrendo em função de uma deficiência no solo, mas não tem certeza de qual nutriente ela necessita, analise os sintomas visíveis:

- Se ela está atrofiada e apresenta uma cor verde pálida nas folhas, pode ser deficiência de nitrogênio.
- Folhas que apresentam tons de roxo ou bronze podem indicar deficiência de fósforo.
- Descoloração ou queimaduras nas bordas das folhas pode ser deficiência de potássio.
- Folhas amarelas, mas que mantêm os veios verdes representam deficiência de ferro e magnésio.
- Frutos com grandes áreas escuras e úmidas ou manchas amarronzadas, com casca frágil, revelam uma possível deficiência de cálcio ou boro.

Mas, lembre-se: para saber precisamente qual é a deficiência no solo, é necessário que seja feita uma análise em laboratório.

Os fertilizantes podem ser orgânicos, minerais, organominerais ou químicos. Alguns exemplos de fertilizantes orgânicos são o composto orgânico, o vermicomposto, o esterco, a farinha de sangue seco, a farinha de cascos e chifres, a farinha de ossos, a torta de mamona e a adubação verde. Entre os fertilizantes minerais, estão o fosfato natural, as cinzas e o sulfato de potássio. Os fertilizantes organominerais são uma combinação de adubos orgânicos, como esterco ou compostos orgânicos, com fertilizantes minerais. E os fertilizantes químicos são produtos sintetizados em laboratórios, a exemplo do NPK, cloreto de potássio e superfosfatos.

O NPK é um fertilizante químico solúvel em água que contém os principais nutrientes para o desenvolvimento das plantas: o nitrogênio (N), o fósforo (P) e o potássio (K). Há variações na proporção entre os três elementos, com o intuito de adaptar a fórmula para determinados tipos de planta, como NPK 4-14-8 e NPK 10-10-10. Ressaltamos que, ao optar por um fertilizante químico, é melhor utilizar aqueles que contenham também os micronutrientes necessários para a planta.

Há fertilizantes cujos nomes estão associados ao uso, para tornar mais fácil a escolha. Por exemplo, fertilizantes específicos para alguns tipos de plantas, como para roseiras, tomates, morangos, cactos, orquídeas, gerânios, hortênsias, e outros mais gerais para legumes e frutas.

Isso não quer dizer que o jardineiro deverá estocar todo tipo de fertilizante, mas que, estando atento à composição de cada um, poderá aplicá-lo em diferentes casos, adotando as proporções indicadas para as necessidades de cada planta. A estocagem de fertilizantes em grandes quantidades não é recomendada, visto que, após o vencimento, a liberação desses produtos no meio ambiente pode ser altamente poluidora.

Cuidados ao usar produtos químicos

Os produtos agrotóxicos, também conhecidos como pesticidas, são utilizados para proteger as plantas de doenças e de pragas e para otimizar a produtividade das plantações. Apesar de facilitarem o cultivo de várias espécies, os agrotóxicos apresentam muitas contraindicações. Seu uso excessivo pode levar a desequilíbrios ecológicos e poluição do solo e da água, além de causar gravíssimos problemas de saúde para quem tiver contato com ele, seja na aplicação em jardins ou plantações, seja na alimentação. Por isso, os agrotóxicos devem ser sempre a última opção, sendo utilizados apenas em casos muito específicos e pontuais, quando não houver outra possibilidade menos nociva.

Alguns dos pesticidas conhecidos são:

- os fungicidas – utilizados no controle de fungos;
- os herbicidas – utilizados no controle de ervas daninhas;
- os inseticidas ou acaricidas – utilizados no controle de insetos;
- os rodenticidas – utilizados no controle de roedores;
- os nematodicidas – utilizados no controle de nematódeos;
- os bactericidas – utilizados no controle de bactérias;
- os pesticidas de efeito atrativo/repulsivo – que alteram o comportamento dos organismos;
- os reguladores de crescimento.

O cuidado com os agrotóxicos deve começar na hora da compra. Deve-se evitar a compra de produtos inadequados ou em quantidades excessivas. Produtos com o prazo de validade vencido não devem ser utilizados nem descartados no lixo comum. Lançados de maneira inadequada no meio ambiente, esses produtos contribuirão para a poluição dos solos, dos lençóis freáticos e da vegetação.

A ingestão desses produtos, mesmo que indiretamente, por meio dos alimentos, frutas ou carnes de animais contaminados, pode trazer graves consequências. Nunca aplique o produto sem observar a recomendação do fabricante quanto à dosagem. Essa informação pode ser encontrada nos rótulos, que estarão de acordo com a legislação, respeitando as quantidades definidas por meio de testes em laboratório.

O profissional deve utilizar os equipamentos de proteção individual (EPI) indicados, evitando todas as formas de contato com os produtos, seja por meio da pele, da respiração ou por ingestão. Os equipamentos disponíveis no mercado são roupas de proteção, botas, perneiras, luvas, óculos e máscaras.

A absorção por inalação pode ocorrer por meio da aspiração de partículas de pó, gotículas ou outras substâncias na forma de gás ou vapor. Para prevenir esse tipo de contaminação, o profissional deverá sempre utilizar máscaras e evitar a aplicação dos produtos em condições de muito vento.

A absorção por ingestão pode ocorrer por meio do armazenamento inadequado dos produtos, por exemplo, guardar algum tipo de herbicida ou fungicida em garrafas plásticas sem identificação. Também se deve tomar cuidado para que as garrafas ou outros recipientes estejam sempre bem fechados, para evitar a contaminação de outros produtos que estejam no local. Além disso, recomenda-se nunca comer, beber ou fumar durante a aplicação dos produtos e mantê-los fora do alcance de crianças e animais.

Equipamentos e ferramentas de trabalho

Hoje é possível encontrar muitas inovações entre os equipamentos disponíveis para o trabalho do jardineiro; no entanto, há também ferramentas que existem há centenas de anos, como as pás e as enxadas. A maior parte dos equipamentos manuais dispõe de equivalentes elétricos ou a combustível, e caberá ao jardineiro avaliar se os custos gerados pelo uso desses equipamentos se justificarão.

Entre as ferramentas tradicionais, há uma grande variedade.

Entre os equipamentos mecanizados, há sopradores e aspiradores de folhas, roçadeiras, trituradores, cortadores e aparadores de grama, podadores elétricos e outros de maior porte, como as "motoenxadas" e os "motocultivadores", que são empregados em grandes plantações.

A prática fará com que você aprenda a dominar as ferramentas de trabalho e tire o melhor proveito de cada uma delas. A manutenção das ferramentas é fundamental para garantir sua durabilidade. Após a jornada de trabalho, deve-se reservar um tempo para limpar e manter as ferramentas em ordem, removendo folhas e terra e eventualmente passando graxa ou óleo nas engrenagens. Assim, as ferramentas vão acompanhá-lo por um bom tempo.

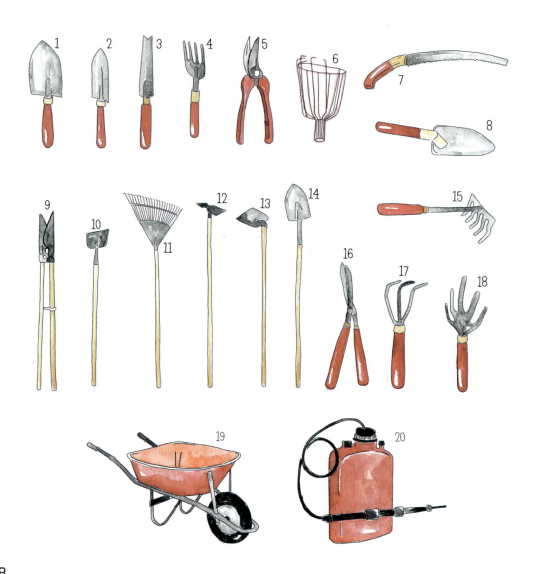

118

Ferramentas de jardinagem:

1. Pá pequena e larga: usada para tirar ou colocar terra e adubo nos canteiros, existente em versões pequenas ou com cabo longo.
2. Pá estreita: utilizada para transplantio de mudas.
3. Arrancador de inço: utilizado para extrair as ervas daninhas (inços) do solo.
4. Garfo de quatro dentes: utilizado para afofar a terra.
5. Tesoura para colheita e poda: usada para a retirada de galhos e folhas velhos, a fim de deixar a planta usar sua energia na constituição de novas partes. Na colheita de flores ou frutos, a tesoura serve para cortar a ligação com o tronco de forma delicada, sem danificar a estrutura do vegetal. Há diversos tipos de tesoura, com usos específicos para diferentes tamanhos de caule e também para necessidades dos diversos usuários.
6. Colhedor de frutas: composto de uma pequena cesta, é utilizado para recolher frutos das árvores.
7. Serrote de poda: curvos, dobráveis ou fixos, são utilizados na poda de árvores ou arbustos.
8. Transplantador: usado para abrir os berços com a profundidade necessária a cada tipo de raiz. Assemelha-se à pá, mas é mais estreito e tem marcador de profundidade.
9. Cavadeira articulada: utilizada para cavar berços.
10. Raspador: utilizado para raspar materiais de superfícies.
11. Vassoura de jardim: utilizada para recolher grama e folhas, tanto em gramados como em ruas e calçadas.
12. Sacho comum e sacho coração: têm usos similares aos das enxadas. Com duas extremidades, são utilizados para abrir valos e capinar, por exemplo.
13. Enxada: usada nos trabalhos que exigem mais força, como romper superfícies de terra compactada, capinar, abrir pequenos valos e retirar as ervas daninhas pela raiz.
14. Pá normal ou de bico: utilizada para abrir berços.
15. Ancinho de cinco dentes: utilizado para recolher detritos e dar acabamento à superfície do solo.
16. Tesoura para cerca viva: utilizada para acabamentos, topiaria e para aparar gramas.
17. Ancinho de três dentes: utilizado para descompactar o solo em pequenas áreas.
18. Escardilho: semelhante ao garfo, é utilizado para afofar e remexer a terra.
19. Carrinho de mão: utilizado para transportar os utensílios de jardinagem e útil para mover cargas pesadas, como sacos de terra, adubo ou detritos.
20. Pulverizador: usado para borrifar as plantas com água, inseticidas, fertilizantes e outros produtos;

Preparação do terreno

Depois de retirar o entulho e o lixo que possam estar no terreno, deve-se observar a cobertura do solo existente para identificar ervas daninhas e espécies indesejadas, a serem retiradas, e outras que possam ser mantidas e integradas a seu projeto de jardinagem.

Depois desse procedimento, realiza-se a capina, o afofamento, a correção, o condicionamento e a fertilização do solo para então começar o planejamento do jardim, que contempla a composição de plantas e mobiliário considerando as plantas existentes, a escolha das novas espécies e o cálculo da quantidade de mudas.

No momento de planejar o jardim, deve-se buscar o local ideal para cada tipo de planta. Uma árvore mal posicionada no plantio, ao crescer, poderá fazer muita sombra e impedir o crescimento de outras plantas a seu redor; ou se posicionada muito perto de uma construção, pode vir a comprometer sua estrutura com o crescimento de raízes. Por isso, é importante prever o crescimento ao escolher as plantas de um jardim. Com a base do jardim preparada e as plantas escolhidas, pode-se iniciar o plantio.

Compra, escolha e acondicionamento de mudas

Há inúmeros pontos de venda de plantas, mas o melhor é optar pelos viveiros. Lá, em geral, você encontra maior variedade e qualidade. Os centros de abastecimento da cidade também podem ser uma boa opção para comprar mudas.

Veja as vantagens de comprar mudas em viveiros:

- Concentram maior variedade de plantas.

- Prezam pela qualidade das mudas disponíveis para venda.

- Podem oferecer grandes quantidades de uma mesma espécie, para jardins de grandes extensões.

- Dispõem de mudas em estágios avançados de desenvolvimento (como árvores de grande porte).

- Podem ser especializados em mudas ou investir no cultivo de algumas espécies.

- Contam com vendedores preparados para transmitir informações precisas sobre as plantas que se deseja cultivar.

- Muitos são credenciados pelo Ministério da Agricultura, Pecuária e Abastecimento, aumentando a confiabilidade e o controle da produção.

- Alguns oferecem mudas certificadas, com padrão de qualidade garantido.

Os viveiros se localizam normalmente em áreas rurais ou nas periferias urbanas, visto que necessitam de muito espaço. As visitas normalmente podem ser agendadas com os produtores, para conhecer as áreas onde as mudas são cultivadas e verificar a disponibilidade de espécies. Em alguns casos, os viveiros têm pontos de venda em áreas comerciais, mais acessíveis, porém em geral o jardineiro deverá se deslocar caso deseje ver as plantas antes de comprá-las. O único inconveniente é que alguns viveiros fornecem apenas para pessoas jurídicas, impossibilitando a compra do pequeno consumidor.

Outra opção são as lojas de jardinagem, que comercializam produtos auxiliares, como ferramentas, peças para tutoramento – suportes para as mudas recém-plantadas, que são mantidos até que as plantas se enraízem – e fertilizantes, além das mudas. Normalmente, as lojas ficam em locais acessíveis ao público. A principal desvantagem é que elas não trabalham sempre com os mesmos fornecedores e, por isso, as mudas poderão variar muito. Além disso, oferecem pouca diversidade de espécies.

Pode-se, ainda, comprar plantas em feiras, que são ótimos locais para entrar em contato com os produtores e donos de viveiros. No entanto, em geral, elas contam com quantidades reduzidas de cada planta, o que não facilita a escolha de quem precisa fazer um jardim de grande porte.

A escolha das mudas em viveiros, lojas ou feiras precisa ser realizada com cuidado. Deve-se optar sempre por plantas jovens e saudáveis. Escolha as mais verdes e as mais fortes, que manterão o porte após o plantio e terão mais chances de sobrevivência. Dê preferência a mudas que não estejam armazenadas em áreas de sol ou chuva excessivas, evitando adquirir as que estiverem fragilizadas.

As mudas podem ser vendidas de diferentes formas e tamanhos, de acordo com o tipo de planta. Quando estiverem em vasos, devem dispor de substrato suficiente para se desenvolverem. Por isso, observe se em cada vaso há apenas uma muda, e não escolha vasos com mais de uma. Mudas pequenas que apresentam muitas ramificações também não são as melhores. Deve-se optar por mudas mais concentradas e de aparência forte. E atenção: todas as mudas devem estar identificadas, individualmente ou em grupos; e, ao serem entregues, devem vir acompanhadas da nota fiscal.

Em geral, as mudas são transportadas com o torrão, a terra endurecida em torno das raízes, e uma porção de terra, em embalagens plásticas individuais organizadas em caixas de papelão. Elas também podem ser transportadas em tubetes plásticos, no caso de mudas florestais, bandejas ou embalagens definitivas. Quando não forem ser plantadas logo após a entrega, devem ficar armazenadas em local seco e de sombra e devem ser irrigadas com frequência. O ideal é que elas sejam acomodadas em recipientes de plástico rígido ou polietileno, pois esse tipo de embalagem tem estrias internas que impedem o enovelamento das raízes. Na hora de retirar as mudas do recipiente, tenha cuidado para não desfazer o torrão do substrato.

As mudas podem ser armazenadas em recipientes de diferentes tamanhos ▶

Plantio no solo

Antes do plantio, deve-se abrir os berços e prepará-los para receber as mudas ou plantas já crescidas.

O tamanho de cada berço será definido em função do tipo de planta e do tamanho do torrão. Para árvores e palmeiras, são adotadas as dimensões de 1 m de largura e 1 m de profundidade, que podem ser maiores, de acordo com o tamanho do torrão. Já para os arbustos, tanto a largura quanto a profundidade podem variar entre 40 cm e 60 cm. E o plantio de forrações necessita de berços de cerca de 10 cm de largura e de profundidade.

Cova ou berço?

Todo mundo conhece algumas palavras que são usadas em uma época e depois são substituídas por outras. É o caso da palavra "cova". Alguns profissionais que trabalham com plantas têm questionado o uso do termo "cova", para designar o local onde as mudas são plantadas. Eles entendem que esse termo está relacionado a sepultamento e, como plantio está associado ao início de uma vida, não é mais adequado. Em vez de "cova", eles sugerem a utilização do termo "berço", que dá a ideia de lugar onde se deposita algo valioso e que necessita de cuidados. Aqui no livro, optamos por usar o termo "berço", mas também pode ser utilizado o termo "cova", que é correto, já que significa a abertura que se faz na terra para qualquer finalidade.

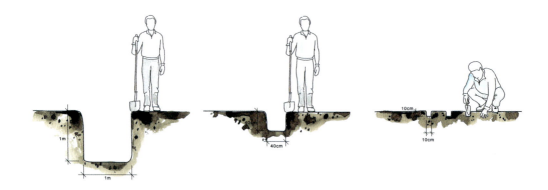

▲
Para cada tipo de planta, um tamanho de berço

Entretanto, o tamanho dos berços deve ser adaptado de acordo com os torrões e os tamanhos das mudas recebidas dos fornecedores. Um cálculo possível é observar o tamanho do torrão e abrir o berço com cerca de um terço a mais do que o tamanho do torrão, para todos os lados.

Na hora do plantio, as mudas devem ser colocadas nos berços nivelando-se o colo da planta, que é o encontro entre o caule da muda e o torrão com a superfície da terra. Recomenda-se não enterrar muito nem plantar alto demais. Ao colocar a muda no berço, o ideal é posicioná-la na mesma orientação cardeal em que se encontrava plantada no viveiro, caso o jardineiro tenha acesso a essa informação. Outro cuidado importante na hora de plantar é procurar manter o mesmo grau de insolação que as plantas recebiam nos viveiros.

Plantio no solo: atenção ao tamanho do berço, ao nivelamento da planta e à qualidade da terra

Depois de pôr a muda no berço, deve-se preencher o vazio ao redor do torrão com solo preparado. Recomenda-se a mistura de terra de boa qualidade e composto orgânico ou o acréscimo de farinha de ossos, superfosfato simples e cloreto de potássio. No caso de solos pobres, pode-se retirar a camada superficial, abrir os berços de dimensões necessárias e preenchê-los novamente com uma camada de terra de composição adequada para cada tipo de plantio

O transplantio

É comum, na execução de jardins, que algumas espécies tenham de ser transplantadas, por uma questão de reorganização estética ou para reposicionar plantas que não se adaptaram bem a um local. O procedimento de transplantio se inicia com a limpeza da área ao redor da planta a ser transplantada. Cava-se em volta do torrão, retirando a terra até uma profundidade suficiente para liberá-lo. Com o auxílio de uma pá ou pé de cabra, solta-se o torrão com cuidado. A planta não deve ser puxada pelo caule. O torrão retirado pode ser replantado em seguida.

A técnica para transplantio de plantas de pequeno porte é aplicável a árvores adultas, mas o profissional necessitará do auxílio de maquinário específico para retirada e transporte devido ao peso das árvores com seus torrões.

O posicionamento dos berços deve obedecer ao planejamento realizado pelo paisagista, pelo jardineiro ou pela equipe responsável. As mudas de uma mesma espécie que compõem determinada área do jardim devem ser plantadas com espaçamento padronizado, indicado no projeto de paisagismo.

Em um jardim composto por plantas de diferentes portes, o plantio de árvores deve ser realizado primeiro, sendo sucedido pelo plantio de arbustos e, por fim, o das forrações, concluindo a montagem do jardim.

Plantio de grama
▼

Já as gramas são compradas em placas, que devem ser plantadas perfeitamente justapostas, socadas e recobertas com terra de boa qualidade. No plantio de grama, deve-se buscar um nivelamento perfeito, visando um resultado uniforme entre as placas, e irrigar abundantemente.

Para a execução de jardins dentro dos prazos esperados, utilize sementes apenas para forrações ou para pequenos arbustos, a serem plantados em canteiros ou potes que permitam o crescimento previsto das raízes. Alguns tipos de arbustos de médio e grande porte e árvores levam muito tempo para crescer, por isso, recomenda-se o uso de mudas já crescidas, para que o efeito esperado seja alcançado mais rapidamente.

Entre as sementes encontradas facilmente no mercado, estão as de flores anuais (como cosmos e capuchinhas); as de flores bianuais (como amores-perfeitos e prímulas); as de plantas vivazes (como violetas); e as de hortaliças (alfaces, feijões e rabanetes).

Conheça o nome científico dessas plantas

Alface – *Lactuca sativa*
Amor-perfeito – *Viola tricolor*
Capuchinha – *Tropaeolum majus*
Cosmos – *Cosmos sulphurea*

Feijão – *Phaseolus* spp.
Prímula – *Primula obconica*
Rabanete – *Raphanus sativus*
Violeta – *Viola odorata*

As flores anuais são semeadas na primavera e florescem no verão do mesmo ano. Depois da floração, elas morrem e é necessário semear novamente no ano seguinte. As flores bianuais são semeadas na primavera ou no verão e só florescerão na primavera seguinte. Da mesma forma, morrerão depois da floração, sendo necessário semeá-las novamente no ano seguinte.

As plantas vivazes são semeadas na primavera ou no verão, florescendo nos anos seguintes. Por fim, as hortaliças devem ser semeadas seguindo um calendário preciso. Após a produção, a planta morre e é necessário semeá-la novamente para a floração no próximo ano. Essas plantas são encontradas em locais de clima temperado do Brasil, onde ocorrem as quatro estações de maneira pontual.

Convém lembrar que as sementes são organismos vivos, que perdem seu poder germinativo com o tempo. Deve-se observar o prazo de validade descrito na embalagem.

Jardins em estufas

O plantio em estufas é uma alternativa quando as condições naturais não favorecem o crescimento das mudas. A planta vai se beneficiar de um ambiente aquecido, iluminado e abrigado das correntes de ar. Com as estufas, é possível obter uma vegetação verde e exuberante. Elas também podem ser utilizadas para ambientar as plantas em casos de mudanças das espécies de áreas externas para internas.

De maneira geral, ter uma estufa permite que você mantenha seu jardim protegido durante todo o ano, de forma independente das variações climáticas de cada estação. Na maioria das regiões do Brasil, visto que as temperaturas mais baixas não são frequentes, as estufas podem servir de abrigo para mudas em suas primeiras fases de crescimento ou espaço para jardins de hortas (para garantir que a produção de alimentos tenha uma continuidade durante o ano).

As estufas protegem as mudas de condições climáticas desfavoráveis

Plantio em vasos

O plantio em vasos ou potes segue os mesmos procedimentos do plantio realizado diretamente no solo, mas a escolha do vaso requer atenção:

- Considere o tipo de planta e suas necessidades. Não podemos colocar uma planta de caule longo ou de raízes fortes em um vaso pequeno, por exemplo.

- Verifique o local em que os vasos serão posicionados. Temos de ter espaço para o vaso e para a planta depois de crescida.

- Avalie se o piso do local suportará o peso dos vasos, principalmente no caso de lajes ou terrenos compactados.

- Lembre-se de que vasos de grandes dimensões, depois de montados, ficam muito pesados, dificultando sua movimentação.

O tamanho que as plantas vão atingir após seu desenvolvimento é o fator determinante para a escolha do tamanho dos vasos. Vasos pequenos podem ser utilizados para o crescimento das mudas, porém, para o plantio definitivo, é preciso prever o tamanho das plantas quando adultas, já levando-se em conta o crescimento das raízes.

É possível encontrar vasos e potes de diversos materiais. Os de barro ou cerâmica são pesados e frágeis e, devido a suas paredes porosas, não são indicados para climas quentes, pois facilitam a perda de água por evaporação. Existem opções de vasos de pedra ou concreto que são resistentes e duradouros, porém muito pesados.

Os vasos de PVC (material plástico) são leves, resistentes e de baixa porosidade, bastante utilizados quando se deseja manter o substrato úmido. São baratos e estão disponíveis em várias cores, que imitam outros materiais, como a terracota. Os vasos em madeira são esteticamente atraentes, mas podem apodrecer com facilidade em razão da umidade ou se deteriorar pela ocorrência de pragas.

Existem muitas opções de vaso no mercado. Nas fotos, vasos de barro, de cerâmica esmaltada, de plástico e de cimento.

O vaso escolhido, de qualquer material ou formato, deverá ser capaz de controlar a umidade do solo, proporcionando uma boa drenagem, de modo que evite o acúmulo de água, que pode apodrecer as raízes das plantas. É importante, ainda, que o vaso permita que a planta tenha substrato suficiente para se desenvolver, encontrando, assim, espaço livre e os nutrientes necessários. O material ou o formato do vaso escolhido não influenciarão no crescimento da planta. O mais importante para o crescimento saudável da planta é manter os cuidados com a qualidade do solo, irrigação e insolação.

Com relação às escolhas estéticas do projeto, pode-se escolher vasos mais delicados para as áreas internas, como os vasos cerâmicos, de vidro, ou porcelana; vasos mais rústicos para áreas externas, como os vasos em cimento, cerâmicos ou de barro; ou vasos cerâmicos com tratamentos especiais, como os vietnamitas, os vitrificados ou arenitos, que ficam bem tanto em áreas internas quanto externas.

Por fim, a escolha dos vasos estará relacionada ao orçamento previsto para o jardim. De acordo com o material, estilo ou tamanho dos vasos, as peças escolhidas podem ter valores altos. Ofereça ao cliente opções que atendam à faixa de preço esperada.

Após o plantio

A cobertura do solo é o primeiro passo para o sucesso do plantio. Ele pode ser feito com plantas de forração, materiais orgânicos, como casca de pinus ou resíduos de madeiras, ou materiais de origem mineral, como pedrisco, pedra, etc. Essa cobertura reduz a transpiração do solo e conserva a umidade, mantendo o solo fresco, além de impedir o crescimento de ervas daninhas e proteger a estrutura mineral e os nutrientes.

Com relação à irrigação, a primeira rega após o plantio deve ser abundante, para eliminar bolhas de ar que podem ter ficado no substrato e assentar o torrão. De maneira geral, a irrigação deverá ser feita, preferencialmente, nas primeiras horas da manhã ou ao cair da tarde, e nunca nas horas de maior insolação.

A rega nos três primeiros meses é importante, pois a planta ainda não enraizou o suficiente para garantir sua subsistência nos momentos mais secos. O uso de irrigação automatizada oferece grande praticidade, garantindo a quantidade e a frequência da distribuição de água. É recomendado por reduzir o consumo de água, mas é preciso saber se o cliente está disposto a arcar com os custos de instalação.

Para assegurar o crescimento das árvores, recomenda-se a colocação de tutores, com o objetivo de sustentá-las até que suas raízes se fixem no solo de modo que elas possam resistir à ação dos ventos. Os tutores devem ser fixados durante a colocação das mudas nos berços e posicionados paralelos ao tronco. Devem ter dois terços da altura total da planta. Geralmente são feitos com uma ou duas estacas de madeira. A árvore é presa a seus tutores por meio de um "colar" de cordas ou cabos de aço, que deve ter largura suficiente para permitir o crescimento livre da árvore. Coloca-se o tutor no lado da muda voltado para o vento dominante.

Os tutores ajudam a manter as árvores de pé até que suas raízes se fixem no solo
▼

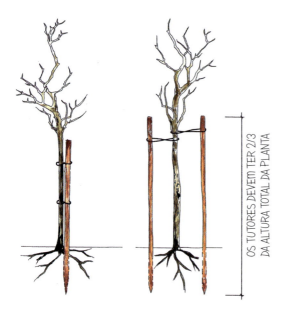

Durante os primeiros 60 dias após o fim do plantio, deve-se fazer a manutenção, incluindo-se o controle de pragas e a substituição das espécies que estiverem mortas ou doentes. O replantio das mudas deve seguir os mesmos procedimentos realizados no plantio inicial. Pense nisso quando fizer seu orçamento, deixando uma verba para a aquisição das plantas de replantio.

Calendário de jardinagem orientado com a influência lunar

Da mesma forma que a lua influencia a água, gerando, por exemplo, o fenômeno das marés, ela também tem influência na circulação da seiva nas plantas. Por isso, a jardinagem pode ser praticada considerando-se as diferentes fases da lua no crescimento das plantas. O mês lunar é composto de 29 dias, divididos em quatro fases: quarto crescente, lua cheia, quarto minguante e lua nova. Cada uma dessas fases vai afetar o desenvolvimento das plantas; portanto, conhecer os efeitos das fases da lua para o plantio, o crescimento e a manutenção das plantas só trará benefícios e ampliará os conhecimentos do jardineiro. É possível utilizar os calendários de jardinagem, que sinalizam as melhores práticas a serem realizadas para a manutenção dos jardins a cada dia do mês. Serão expostas a seguir algumas orientações que podem auxiliar o profissional.

Calendário lunar

Lua nova

🌿 Durante a lua nova, a influência no crescimento é menor e a seiva se concentra nas raízes. No entanto, é uma boa fase para podas, adubação, capina e controle de pragas, pois a planta encontra-se fortificada.

 Lua cheia

🌿 Durante o período de lua cheia, ocorre o momento de colheita de flores, folhas e frutos, uma vez que nessa fase eles contêm o máximo de seiva e, portanto, estão mais suculentos e, se colhidos, vão se conservar por mais tempo.

 Lua crescente

🌿 Na fase conhecida como quarto crescente, a seiva flui em direção às folhas, concentrando-se no caule e nos ramos e favorecendo as partes aéreas das plantas. Portanto, esse período é propício ao plantio de espécies que devem se desenvolver sobre o solo, como as hortaliças, já que a energia nessa fase auxilia na produção de culturas vigorosas e potencializa a germinação de sementes recém-plantadas.

 Lua minguante

🌿 Durante o quarto minguante, ocorre o refluxo da seiva em direção ao caule e às raízes. Portanto, é um período propício para plantio de espécies que necessitam de energia para desenvolver seus sistemas radiculares, como os tubérculos. Essa fase permite que as porções das plantas localizadas sobre a terra descansem enquanto o crescimento continua embaixo do solo.

Ainda que o plantio tenha sido realizado de forma correta, em alguns casos o jardim não apresentará o resultado esperado. As espécies são vivas, e alguns fatores fogem de controle. As fases de transporte e plantio, por exemplo, por mais que sejam feitas com todo o cuidado, representam um estresse para a vegetação.

Como vimos, o porte e a vivacidade das mudas compradas influenciarão no resultado final, que, em muitos casos, só poderá ser visualizado após um prazo de meses ou anos. O ideal é que seu contrato de prestação de serviços inclua a manutenção em intervalos preestabelecidos de no mínimo três meses, para controlar os avanços do jardim e realizar pequenos ajustes durante sua evolução.

5

MANUTENÇÃO

Procedimentos gerais

Sem acompanhamento e manutenção, o jardim dificilmente conservará suas características originais, ou mesmo se manterá vivo. Os jardins precisam de uma série de cuidados, alguns diários, outros semanais ou mensais.

- *Cuidados diários*: remover as flores murchas, eliminar folhas secas, deterioradas ou manchadas, e verificar se as plantas precisam de água.

- *Cuidados semanais*: ajustar as regas em função das condições ambientais (temperatura, insolação, umidade atmosférica e ventilação natural); verificar a consistência do substrato e, se preciso, acrescentar a quantidade necessária para completar os vasos, as jardineiras ou os canteiros; observar a aparição eventual de pragas ou doenças; girar os vasos das plantas que toleram esse procedimento, para que elas recebam luz por igual, evitando crescimentos disformes. Para isso, é fundamental conhecer as necessidades de cada planta no jardim.

- *Cuidados mensais*: criar mudas dos exemplares que estiverem mais bonitos e saudáveis; remover brotos fracos e cortar a ponta dos ramos das plantas se desejar um resultado mais denso; pulverizar ou passar panos molhados nas folhas para tirar a poeira; verificar a cada três meses se as raízes das plantas estão saindo pelos furos de dreno do vaso (ou seja, se a planta precisa de mais espaço) e replantá-las em vaso maior, se necessário.

Anualmente, é preciso trocar as plantas de vaso, transferindo--as para um maior e acrescentando novo substrato para estimular seu crescimento. Nesse momento, deve-se remover parte das raízes que estão coladas à parede do antigo vaso para estimular a formação e o desenvolvimento das novas raízes.

Poda

A poda é necessária para manter algumas plantas em um tamanho razoável, elegante e saudável. Antes de iniciar a poda, certifique-se de que as ferramentas estejam bem afiadas e limpas. Cortes realizados com ferramentas cegas e/ou sujas podem ajudar na propagação das doenças entre as plantas, já que um corte "mastigado" leva mais tempo para cicatrizar, expondo a planta a doenças. Além disso, ferramentas contaminadas podem afetar as plantas sadias. Quando identificada uma planta doente, ela deve ser isolada, para evitar que os parasitas ou mesmo respingos de água contaminados pelo contato com ela afetem as plantas sadias.

Cada tipo de poda é utilizado para uma finalidade específica e há diferentes técnicas para cada caso. Para abrir plantas muito densas, deve-se começar eliminando os ramos fracos e doentes. Se você cortar os ramos um pouco acima de uma gema, um novo ramo nascerá no local da poda, porém mais fino do que aquele que foi eliminado. Caso deseje eliminar o ramo todo, corte bem rente ao caule ou ao ramo maior, do qual ele brotou, e continue podando até obter o efeito desejado.

Para remover ramos ladrões – brotações grandes e vigorosas, mas que lhes dão aspecto desordenado –, a poda pode ser feita em qualquer época do ano. Esses ramos normalmente são chamados de ladrões porque utilizam muita energia da planta para crescer, prejudicando os demais.

Ainda é possível optar por uma poda sanitária, ou seja, a remoção dos ramos doentes e com folhagem descolorida. Quanto mais rápido for eliminado um ramo doente ou infectado, mais fácil será salvar a planta. Todo ramo infectado ou doente deve ser eliminado por inteiro.

Irrigação

A rega tem importância fundamental no desenvolvimento e na manutenção das plantas. No entanto, o excesso de água é tão prejudicial quanto sua falta. Nem todas as plantas têm as mesmas necessidades de água; essa demanda varia em função da temperatura, da umidade do ar e da exposição das plantas às chuvas.

No período imediatamente após o plantio, a irrigação tem de ser realizada com regularidade, principalmente nas primeiras semanas e nas épocas do ano em que o clima estiver seco.

É importante regar devagar, com a água em regime baixo, usando, preferencialmente, uma pistola de rega com pulverização suave tipo "chuva". Usar a mangueira em regime alto e sem pistola de rega pode desperdiçar muita água e levar os nutrientes do solo junto com a água excedente. Durante a rega, deve-se molhar as folhas também, menos nas plantas sensíveis a fungos, como roseiras e tomateiros.

Maneiras de regar

O modo de regar as plantas exercerá grande influência sobre elas. As plantas pendentes, como a ripsális (*Rhipsalis baccifera*) e dinheiro-em-penca (*Callisia repens*), por exemplo, tendem a secar mais rapidamente do que as outras. As plantas com folhagens abundantes, como as samambaias, além das regas normais, necessitam que suas folhas sejam borrifadas em dias muito quentes. É necessário, portanto, descobrir o modo mais adequado para cada tipo de planta, pois regar todas as plantas ao mesmo tempo e da mesma maneira não é aconselhável. Em um mesmo jardim, o profissional deverá usar a técnica adequada para cada caso.

Existem três modos básicos de se regar plantas em vasos. A *rega por cima* é o processo mais comum, ideal para a maioria das plantas. Consiste em aplicar a água aos poucos diretamente no substrato (terra), utilizando um regador de bico fino, fazendo com que a água penetre na terra até começar a sair pelo furo de drenagem do vaso. Com o tempo, você vai se acostumar com a proporção de água e evitar que saia essa água excedente.

A *rega por baixo* é especialmente indicada para espécies que formam touceiras e fecham o vaso, não deixando área de exposição na superfície para que seja colocada a água. Nesse procedimento, deve-se pôr a água no prato que fica embaixo do vaso e deixar que seja sugada através dos furos de drenagem. Quando a umidade atingir a superfície do vaso, é importante retirar a água que sobrou no prato, para não procriar mosquitos e não encharcar o solo, provocando o apodrecimento das raízes.

A técnica de *imersão* é utilizada apenas para vasos de barro não impermeabilizados. Funciona como uma espécie de UTI para plantas, pois é utilizada para socorrer exemplares em situação crítica pela falta de água. Essa técnica também é aplicável para rega de orquídeas e samambaias plantadas em vasos feitos com fibra de coco. As estruturas de xaxim, comumente utilizadas para esses tipos de plantas, não são mais recomendadas, pois as espécies utilizadas na fabricação encontram-se em extinção.

O processo de imersão é simples: enche-se uma vasilha ou balde com água suficiente para cobrir o vaso inteiro, sem cobrir a planta. Põe-se o vaso no balde, deixando-o submerso por dois minutos ou até parar de borbulhar. Depois, levanta-se o vaso para drenar todo o excesso de água. Pode-se utilizar o mesmo recipiente para várias plantas sem prejuízo. Contudo, cuide para não colocar plantas infestadas ou doentes.

Nos canteiros, nos quais não é possível observar a saída de água excedente, verifique se o solo encontra-se úmido antes de realizar nova rega, colocando a mão ou o dedo na terra.

Quantidade de água

Para sabermos a quantidade de água necessária para as plantas, é preciso observar os seguintes fatores: a umidade do ar, o meio de cultivo (substrato), o tipo de vaso (ou outro recipiente), o sistema de drenagem e o estágio da planta.

Com relação à *umidade do ar*: as plantas precisarão de mais água nos dias quentes e secos do que nos dias frios e úmidos; de mais água no verão do que no inverno; e, nos dias de ventania, a evaporação aumenta, exigindo maior atenção.

Com relação ao *meio de cultivo* (substrato): se a planta estiver em um substrato leve, com mais drenagem, serão necessárias mais regas do que se elas estiverem em substratos densos. E atenção à textura do substrato: os mais finos retêm mais água do que os mais grossos.

Com relação ao *tipo de vaso* (ou outro recipiente): os vasos de cerâmica, quando não impermeabilizados, absorvem e permitem a evaporação de boa parte das regas destinadas às plantas; por isso, as plantas nesses vasos necessitam de regas mais frequentes. Uma dica é colocá-los de molho por uma noite antes de usá-los pela primeira vez. Dessa forma, o vaso vai reter um pouco da água e não sugará a água das regas. Vasos de plástico e de cerâmica impermeabilizada não absorvem água, demandando menos regas. Vasos pequenos, com pequena quantidade de substrato, necessitam de regas mais frequentes, pois a reserva nunca será suficiente para as plantas.

Com relação aos *sistemas de drenagem*: se as plantas estiverem em vasos ou jardineiras, deve-se regar por cima – até que a água comece a sair pelos furos de drenagem – ou por baixo – até que a planta não absorva mais a água. Depois desse procedimento, é importante lembrar-se de retirar a água que sobrou no prato para evitar o apodrecimento das raízes e a proliferação de mosquitos transmissores da dengue e de outras doenças. Se as plantas estiverem em um canteiro, deve-se verificar se o substrato está úmido, para avaliar se a planta precisa de rega ou não. Com o tempo e a observação, será possível perceber a quantidade ideal para que a água não extravase nos pratos dos vasos e para que os canteiros não fiquem encharcados ou secos demais.

Com relação ao *estágio da planta*: quando florida ou frutificando, algumas plantas necessitarão de um pouco mais de água que o habitual. Plantas murchas indicam carência de água, e se isso ocorrer deve-se realizar procedimentos de emergência, como colocar os vasos de barro em vasilhas com água até que a planta se reanime, sem molhar as folhas.

De maneira geral, não é eficiente regar muito uma planta para que ela armazene água para um período mais longo, principalmente se ela estiver em um vaso. Existem sistemas automáticos que promovem o fornecimento de água constante equilibrado por períodos prolongados, tanto para vasos quanto para canteiros.

Sistemas de irrigação

Para a irrigação ou rega das plantas, existem atualmente diferentes técnicas disponíveis. Para jardins de pequeno porte, como os residenciais e comerciais, a rega manual ainda é muito utilizada. A rega mecanizada é mais indicada para os jardins de grande porte.

A *rega manual* é uma técnica simples, cuja vantagem é ser a alternativa mais econômica, porém nem sempre é a mais eficiente. Essa técnica dependerá da disponibilidade de um funcionário que possa regar as plantas diariamente, nos mesmos horários, sem que haja falhas, e utilizando conhecimentos mínimos para aplicar a irrigação de forma eficiente, para os diferentes tipos de plantas e sem desperdício de água. A rega manual não é eficiente para grandes áreas de jardins e, com os avanços tecnológicos, vem sendo substituída por técnicas mecanizadas.

A *irrigação mecanizada* pode ser realizada de várias formas. Suas principais vantagens são a praticidade, o controle do consumo da água e a garantia de melhores resultados. A mecanização da irrigação permite distribuir melhor a quantidade de água aplicada em cada região do jardim, além de possibilitar a automatização.

A escolha do sistema de irrigação mais indicado para cada caso deverá ser realizada após o conhecimento das necessidades das plantas a serem cultivadas e da análise da oferta de água já disponível no lugar. O principal fator que influenciará nessa escolha será a quantidade e a distribuição de chuvas no local, além das fontes de água existentes para irrigação.

As principais fontes de água para irrigação são rios, lagos, reservatórios, canais, tubulações comunitárias ou poços profundos, visto que são necessárias grandes quantidades para suprir a necessidade de grandes jardins ou grandes áreas de cultivo. Existindo essa oferta no terreno, será necessário avaliar se a fonte de irrigação encontra-se a uma distância razoável, a qual altura a água deverá ser bombeada, o volume e a vazão disponíveis na fonte. A água disponível deverá ser testada para verificar sua qualidade e analisar seus componentes. Esses testes são realizados em laboratórios e vão indicar a presença de sais, poluentes e materiais sólidos, que são altamente prejudiciais para a maioria das plantas.

Comprovada a possibilidade de utilização da água, deve-se conhecer os tipos de irrigação disponíveis e optar pelo mais conveniente em cada caso. Os principais métodos de irrigação utilizados são:

Irrigação por aspersão

A água é aplicada sobre a folhagem da cultura e sobre o solo. O procedimento da irrigação por aspersão parte do seguinte princípio: a água é bombeada a partir de uma fonte de água, distribuída pelas tubulações e pulverizada em pequenas gotas, simulando o efeito da chuva. Entre as principais vantagens, além de não oferecer grandes restrições quanto à instalação, está a de que esse sistema se adapta facilmente a várias condições de solo, topografia (pode ser empregado em áreas planas ou com declive de até 30%) e diferentes culturas, podendo ser totalmente automatizado (a irrigação pode ser programada para ocorrer algumas vezes durante o dia, em horários predefinidos), e normalmente gera uma irrigação de maior abrangência, evitando pontos sem irrigação. A principal desvantagem desse sistema é ser facilmente afetado pela ação de ventos fortes, diminuindo a eficiência da irrigação, além do alto custo inicial para implantação. Além disso, em áreas muito quentes, as perdas de água da irrigação por aspersão pela evaporação direta podem chegar a 10%. Ainda, se usada água salina, os equipamentos podem ser danificados com o tempo. No Brasil, esse método é muito utilizado para a irrigação de gramados.

Irrigação localizada

Aplicada apenas na superfície do solo, umedecendo-o de forma parcial ou total. Nesse tipo de irrigação, a água é geralmente aplicada por meio de emissores superficiais (microaspersores) ou pontuais (gotejadores) em uma área restrita, buscando atingir somente o local ocupado pelas raízes da planta e permitindo maior aproveitamento da água. É uma técnica aplicável em locais nos quais a oferta de água é menor e/ou mais cara e onde os solos são pedregosos ou de topografia acidentada. A irrigação localizada pode ser utilizada em vasos e frutíferas em geral.

A irrigação localizada por gotejamento pode ser aplicada em áreas com grandes declives, de até 60%, no entanto, ocorrem muitos casos de entupimentos e que requerem excelente filtragem da água. Já na irrigação localizada por microaspersão, há menor possibilidade de entupimento, mas, por outro lado, esse mecanismo sofre influência do vento, e a água pode ser imediatamente evaporada, quando utilizada em locais muito secos.

Conhecidas as alternativas, é possível optar por um método de irrigação. A escolha do método de irrigação dependerá, principalmente, do clima local, das condições do terreno, do tipo de cultivo e de quanto é possível investir, visto que os sistemas automatizados, altamente eficientes, representam um acréscimo de custo na obra.

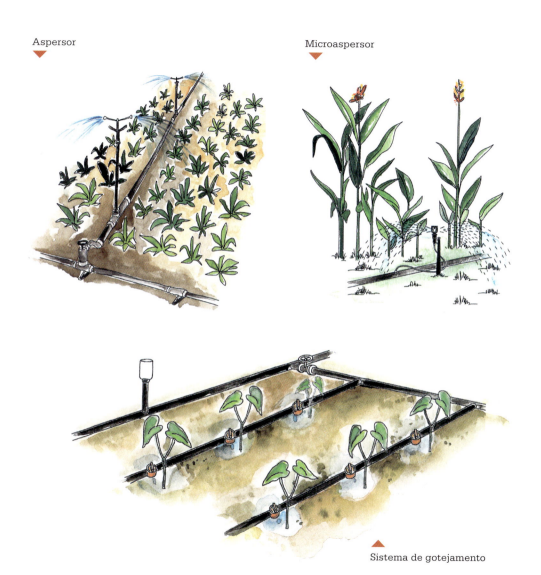

Reprodução de plantas

Cada planta tem um período de vida, o que obriga o jardineiro a estar sempre preocupado com a renovação do jardim. Quando as plantas morrerem, será preciso substituí-las por mudas da mesma espécie, de modo que seja conservado o aspecto geral do jardim. Para evitar gastos constantes com a compra de novas mudas e garantir a sobrevivência de espécies raras, o jardineiro precisa dominar as técnicas de reprodução das plantas e outros procedimentos que visam à geração de novos exemplares para um jardim.

De maneira geral, as plantas têm mecanismos naturais de reprodução, sendo auxiliadas pelos agentes polinizadores. No entanto, em casos como os de plantios intensivos, nos quais se deseja retirar o máximo dos jardins (como na produção econômica de hortaliças), o jardineiro pode adotar algumas técnicas para realizar ele mesmo a reprodução das plantas e a criação de novas mudas, acelerando, assim, o processo do cultivo e aumentando a produção.

A reprodução que não envolve polinização das plantas é uma das atividades do jardineiro, pois é uma forma econômica e rápida de se replicar exemplares de plantas sem doenças ou defeitos. Além disso, essa atividade é muito útil se o jardineiro desejar possuir um viveiro.

Principais técnicas de reprodução

As principais técnicas de reprodução são estaquia, enxertia, mergulhia, alporquia, divisão de touceira e reprodução por rizomas, tubérculos e bulbos.

Estaquia

Técnica que permite, a partir de um fragmento (caule, folha ou raiz), produzir uma nova planta, com as mesmas características da original. É um método muito utilizado quando se deseja conservar belas florações, folhagens ou frutos, pois apresenta baixo risco de nascerem plantas danificadas.

A estaquia pode ser herbácea, quando realizada a partir de brotos jovens; lenhosa, quando realizada a partir de caules ou ramos; de folhas, quando uma simples folha é suficiente para reproduzir a planta; ou de raízes, quando feita com fragmentos de raízes. É necessário, portanto, conhecer as técnicas aplicáveis para a reprodução de cada planta.

A estaquia é utilizada por quem planta mandioca (também conhecida em diferentes regiões do Brasil como aipim ou macaxeira) e para a reprodução de roseiras, entre outras plantas. O processo aplicado na reprodução de ambas as espécies utiliza partes saudáveis do caule, que são plantadas em substrato adequado para o nascimento de novas mudas. Essas partes do caule são chamadas de estacas e devem ter entre 15 cm e 20 cm.

Para certos arbustos (como tumbérgias), utilizam-se estacas semilenhosas – firmes na base e macias na ponta. A escolha da parte do caule para retirada da estaca deve ser realizada com cuidado, e a retirada, feita com instrumentos de corte bem afiados, para não ferir a planta-mãe nem a estaca. O corte deve ser regular e limpo.

Em outros casos, deve-se aplicar a estaquia de ponteiro, na qual são retirados os ramos mais jovens e viçosos que brotam nas laterais dos ramos. Uma planta que pode ser reproduzida por essa técnica é a azaleia. Somente pontas fortes e bem formadas darão origem a novas plantas com boa saúde.

Outras plantas que podem ser reproduzidas pela estaquia são o antúrio, a primavera, o pingo-de-ouro e a hera. A estaquia deve ser realizada na primavera, nos ramos do ano anterior. Não se deve optar por galhos com flores ou botões florais porque a planta não está em um ciclo favorável para criar raízes. O ramo deve ter as duas folhas da base que será enterrada cortadas no talo e as intermediárias cortadas na metade.

Os ramos retirados devem ser plantados em vasos ou recipientes antes de serem plantados no local destinado. Eles devem ser enterrados de 2 cm a 10 cm no solo, até cobrir pelo menos duas gemas, ser bem irrigados e deixados na sombra, protegidos do vento. Após o plantio, precisam ser irrigados moderadamente, para não apodrecerem. Depois de bem enraizados, os ramos poderão ser replantados no local definitivo.

◀ Estaquia

Para reprodução de coníferas ou arbustos com folhagens persistentes, os ramos precisam ser retirados no fim do verão. Devem ser retirados ramos jovens que conservem uma pequena parte da base (do tronco ou caule).

O replantio deverá ser realizado antes da primavera e as estacas devem ser mantidas em áreas de sombra. Na primavera, elas poderão ser transplantadas para sua posição definitiva e devem ser enterradas de 3 cm a 10 cm no solo. Recomenda-se irrigação regularmente.

 Conheça os nomes científicos de algumas espécies que podem ser reproduzidas por estaquia

Antúrio – *Anthurium andraeanum*
Azaleia – *Rhododendron simsii*
Hera – *Hedera helix*
Mandioca – *Manihot utilissima*
Pingo-de-ouro – *Duranta repens var. aurea*
Primavera – *Bougainvillea spectabilis*
Roseira – *Rosa x grandiflora*
Tumbérgia – *Thunbergia erecta*

Enxertia

Método de reprodução das plantas que permite a multiplicação utilizando-se espécies que tenham características fisiológicas e anatômicas em comum. Existem inúmeras técnicas para realizar esse procedimento, que consiste basicamente em retirar um pedaço de caule de uma planta existente e juntá-lo ao caule de outra planta que esteja enraizada no solo. A planta receptora é conhecida como "porta-enxerto" ou "cavalo" (forma popular). A parte enxertada no cavalo é denominada "enxerto" ou "cavaleiro".

A enxertia pode ser realizada a partir de gemas, brotos ou ramos crescidos. Para o sucesso da prática, recomenda-se a utilização de plantas com tecidos jovens e graus de maturação equivalentes. O enxerto entre espécies diferentes é muito difícil. As superfícies que entrarão em contato devem estar lisas, uniformes e limpas. Deve-se retirar o caule da planta que se deseja multiplicar e enxertá-lo em uma planta vigorosa. Assim, a planta crescerá com características do ramo original e o vigor da planta receptora.

Esse método é especialmente aplicável em espécies de árvores frutíferas, por exemplo, diferentes tipos de cítricos (como maracujás e lichias) e em plantas como roseiras.

Enxertia ▶

 Conheça os nomes científicos de algumas espécies que podem ser reproduzidas por enxertia

Lichia – *Litchi chinensis*
Maracujá – *Passiflora edulis, P. nítida, P. coccínea, P. quadrangularis,* etc.
Roseira – *Rosa x grandiflora, Rosa x wichuraiana*

Mergulhia

Processo que consiste na reprodução da planta com base na colocação de um de seus galhos no solo, sem cortá-lo, até que ele crie raízes. Depois de enraizado, deve-se cortá-lo para separá-lo da planta-mãe, e é possível replantá-lo em um vaso ou outro local desejado. Assim como na estaquia, são produzidas novas plantas com as mesmas características genéticas da planta-mãe. Trata-se de uma técnica simples e eficaz.

As plantas que permitem a realização dessa técnica devem ser lenhosas e ter galhos baixos, longos e flexíveis, de pelo menos 50 cm de comprimento (como esponjas, jabuticabeiras, sete-léguas, camélias, hibiscos, heras e madagascares, também conhecidas como jasmim-da-índia).

A mergulhia deve ser realizada no período em que a vegetação está ativa (primavera). Abre-se um berço de profundidade de 10 cm a 15 cm, no qual o galho é enterrado, deixando-se a extremidade para fora. Da parte do galho que será enterrada, retiram-se folhas e brotos, e sua fixação no solo pode ser feita com grampos. O berço deve ser preenchido com substrato.

O prazo de enraizamento é mais longo na mergulhia do que na estaquia. Além do processo tradicional, ainda há uma forma alternativa de realizar a mergulhia. O caule da planta é cortado próximo ao solo e, após o surgimento de novos brotos, eles são recobertos com terra. Essa técnica é aplicável quando a planta não tem galhos longos ou flexíveis que possam ser enterrados. Apesar de sacrificar a planta-mãe, dá-se origem a várias outras plantas.

Mergulhia
▼

Conheça os nomes científicos de algumas espécies que podem ser reproduzidas por mergulhia

Camélia – *Camelia japonica*
Esponja – *Calliandra brevipes*
Hera – *Hedera helix*
Hibisco – *Hibiscus* sp.
Jabuticabeira – *Myrciaria cauliflora*
Madagascar – *Quisqualis indica*
Sete-léguas – *Podranea ricasoliana*

Alporquia

Trata-se de uma variação da técnica da mergulhia. Ela utiliza o mesmo princípio, pois, a partir de galhos conectados na planta-mãe, serão geradas novas plantas, sem cortá-los. No entanto, em vez de enterrar os galhos, a alporquia envolve os ramos com "bolsas" de substrato e interrompe o fluxo de seiva elaborada – produto da fotossíntese que é distribuído das folhas às raízes – a partir da retirada da casca de um determinado ponto da planta, o que impulsiona o aparecimento de novas raízes.

Após o enraizamento dos galhos nessa porção de terra, eles podem ser cortados e replantados em uma nova área, sendo separados da planta-mãe. Para realização da alporquia, devem ser retiradas as folhas, os ramos e a casca do galho na porção desejada e aplicado o invólucro com substrato. Alguns exemplos de plantas que podem ser reproduzidas por meio dessa técnica são a maior parte das frutíferas (como goiabeiras e jabuticabeiras), além de outras plantas (como congeias, dracenas, estrelas-da-noite, trepadeiras-jades e jasmins-estrelas).

Alporquia

Conheça os nomes científicos de algumas espécies que podem ser reproduzidas por alporquia

Congeia – *Congea tomentosa*
Dracena – *Pleomele reflexa*
Estrela-da-noite – *Randia formosa*
Goiabeira – *Psidium guajava*
Jabuticabeira – *Myrciaria cauliflora*
Jasmim-estrela – *Trachelospermum jasminoides*
Trepadeira-jade – *Strongylodon macrobotrys*

Divisão de touceira

É uma técnica simples, que consiste em separar uma das touceiras da planta-mãe e, cortando as raízes da muda retirada, obter um novo indivíduo com todas as características da planta-mãe que enraíza com facilidade. Como o nome explica, essa técnica é aplicável especialmente em plantas com touceiras (como bambus-de-jardim, moreias-bicolores, echeverias, gramas-azuis, helicônias, clorófitos e bromélias). A divisão e o plantio devem ser realizados, de preferência, nos meses de inverno e começo da primavera.

Divisão de touceiras

> **Conheça os nomes científicos de algumas espécies que podem ser reproduzidas por divisão de touceiras**
>
> Bambu-de-jardim – *Bambusa gracilis*
> Bromélia – *Alcantarea imperialis, Vriesea hybrida,* etc.
> Clorófito – *Chlorophytum comosum*
> Echeveria – *Echeveria elegans*
> Grama-azul – *Festuca glauca*
> Helicônia – *Heliconia angusta*
> Moreia-bicolor – *Dietes bicolor*

Reprodução por rizomas, tubérculos e bulbos

Para as plantas de caule subterrâneo, cuja propagação acontece por multiplicação, é indicada a técnica de reprodução por tubérculos, conhecida popularmente como plantio por "batatas". Os tubérculos, rizomas ou bulbos existentes são divididos e replantados para dar origem a uma nova planta. Devido às reservas de água armazenadas no caule, a irrigação deve ser feita moderadamente.

Entre as espécies que podem ser reproduzidas dessa forma, há plantas bulbosas (como cebolas, amarílis, caládios, gladíolos, copos-de-leite e tulipas), as que têm rizomas (como bastões--do-imperador, alpínias e bananeiras) e as que têm tubérculos (como inhames e dálias).

Além das formas de reprodução citadas, destacam-se ainda espécies que podem ser reproduzidas pela separação e plantio de suas brotações laterais (como margaridas, antúrios, bromélias e agaves) e as espécies que têm estruturas conhecidas como esporos, capazes de germinar e gerar novas plantas (como samambaias e avencas).

Reprodução por rizomas, tubérculos e bulbos

Conheça os nomes científicos de algumas espécies que são reproduzidas por rizomas, tubérculos e bulbos

Agave – *Agave americana*
Alpínia – *Alpinia purpurata*
Amarílis – *Amaryllis belladonna*
Antúrio – *Anthurium andraeanum*
Avenca – *Adiantum* spp.
Bananeira – *Musa splnhame*
Bastão-do-imperador – *Etlingera elatior*
Bromélia – *Neoregelia carolinae*
Caládio – *Caladium bicolor*
Cebola – *Allium cepa*
Copo-de-leite – *Zantedeschia aethiopica*
Dália – *Dahlia pinnata*
Gladíolo – *Gladiolus grandiflorus*
Inhame – *Colocasia esculenta*
Margarida – *Crysanthemum leucanthemum*
Tulipa – *Tulipa hybrida, Tulipa gesneriana*, etc.

As doenças nas plantas

Uma parte importante do trabalho do jardineiro na manutenção dos jardins é cuidar das plantas doentes. Para isso, é preciso conhecer os sintomas e como tratá-los. As principais doenças que podem ser observadas nas plantas de um jardim estão relacionadas à ação de fungos, vírus, bactérias ou, ainda, a deficiências nutritivas.

Com frequência, vê-se o aparecimento de manchas, "sujeiras" ou listras nas folhas, indicando a presença de algum fungo. A propagação dos fungos de uma planta infectada para outras sadias é muito fácil. Por isso, se confirmada a contaminação, a planta deve ser isolada das demais, sempre que possível. Quando os fungos são detectados na fase inicial, retirar as folhas ou demais partes contaminadas pode resolver o problema. As ferramentas utilizadas devem ser limpas imediatamente depois da retirada, para evitar que contaminem outras plantas.

Em outros casos, é possível que as plantas estejam infestadas por vírus ou bactérias. Eles se infiltram pelas folhas ou por ferimentos causados por insetos ou outros agentes e contaminam a planta. Pode-se evitar a contaminação por vírus ou bactérias cuidando-se da saúde das plantas, irrigando-as e adubando--as corretamente e evitando-se podas equivocadas.

A observação dos sintomas visíveis nas plantas permite que identifiquemos possíveis causas e adotemos medidas simples para remediar as principais doenças. Plantas que apresentam caules que crescem de forma exagerada, folhas velhas alongadas e pouco desenvolvimento de folhas jovens podem estar recebendo pouca luz ou apresentando excesso de nitrogênio. Nesse caso, é possível solucionar o problema mudando a planta de posição e o teor do adubo utilizado.

Quando as folhas antigas se enrolam e não nascem novas folhas, a planta pode estar sofrendo com excesso de luz e deve ser transferida para um local mais sombreado. Quando a planta apresenta caules cheios, escuros, que apodrecem, e a terra encontra-se constantemente molhada, ela pode estar sofrendo com excesso de água. Deve-se, portanto, diminuir a frequência e a quantidade da rega.

Quando a ponta das folhas escurece ou quando as folhas murcham e caem, amareladas, a planta pode estar com carência de água. Pouca umidade também pode causar o aparecimento de pontas marrons nas folhas. Quando a planta não produz flores, pode estar com excesso de nitrogênio, e deve-se diminuir a frequência e a quantidade de adubo.

O aparecimento de pequenas manchas brancas nos caules e nas folhas, principalmente nas áreas escondidas da luz, pode ser a evidência de pequenos percevejos, que sugam a seiva da planta. É possível retirá-los manualmente, com álcool e algodão. Quando surgem manchas brancas que, aos poucos, se tornam amarelas, a planta pode estar com ácaros, que também podem ser retirados com água, se a infestação não for muito grande.

Folhas brilhantes e pegajosas são sintomas de pulgões, que também podem ser mortos com álcool e algodão ou água e sabão. Buracos nas folhas e rastros prateados são sintomas de lesmas e caracóis, que devem ser retirados manualmente das plantas ou atraídos para um recipiente com cerveja ou suco de uva.

Uma planta saudável pode apresentar folhas pálidas ou amareladas apenas pela deficiência nutritiva do solo. Para confirmar essa possibilidade, é importante fazer a análise do solo e, se for o caso, aplicar fertilizantes ou compostos orgânicos que contenham os nutrientes necessários.

Uma vez que as pragas já tenham aparecido, é necessário tomar medidas para evitar que elas destruam todo o jardim. Além dos fungicidas, inseticidas ou bactericidas, que podem ser prejudiciais ao meio ambiente e à saúde humana, há opções naturais que podem ser utilizadas. Uma delas é pulverizar, nas plantas, uma mistura de sabão de coco, água e fumo de rolo, chamada de calda de fumo. Essa mistura deve ser pulverizada nas plantas no mesmo dia de preparo. É eficaz contra insetos e ácaros (cochonilhas, pulgões e lagartas) e deve ser administrada com cuidado.

A manutenção de jardins é a tarefa mais frequente do trabalho do jardineiro. Muitas vezes, o profissional é contratado para dizer o porquê de algumas das plantas estarem sem vida, ou para modificar plantas que não apresentaram o resultado ornamental esperado. Além disso, é muito comum que o jardineiro seja contratado para revitalizar jardins existentes. Para tanto, deve ser capaz de identificar o traçado original do jardim, indicando os procedimentos mais adequados para restauração de seu aspecto original quando esta for a solicitação do cliente.

Como prevenir pragas em hortas

Há várias formas de controlar o aparecimento de pragas, especialmente nas hortas. Uma forma é realizar plantios considerados repelentes para esses organismos. A alfavaca, ou manjericão de folha larga, devido a seu cheiro forte, repele moscas e mosquitos. O alho pode ser usado como repelente próximo aos morangos para diminuir o aparecimento do ácaro-rajado; próximo às couves e mostardas para reduzir o número de pulgões; e junto ao tomate, para combater o ácaro-vermelho.

Para combater a mosca branca do tomate, recomenda-se o plantio de manjericão e coentro, ao mesmo tempo. O alecrim, se cultivado junto à sálvia, afasta pragas como a borboleta-da-couve e a mosca-da-cenoura. A borboleta-da-couve, que atinge não só a couve, mas também a couve-flor e o brócolis, também pode ser repelida pelo tomilho e pela hortelã. Essa última também é útil para espantar formigas e ratos. O plantio de coentro é eficaz para afastar pulgões e ácaros.

6
JARDINS

Estilos de jardins ao longo da história

O cultivo de jardins é uma prática muito antiga. Ao longo da história do paisagismo e da jardinagem, é possível observar dois estilos principais de jardins: um que se orienta por traçados orgânicos – procurando reproduzir a forma como as plantas se comportavam nos espaços naturais – e outro que se orienta por princípios racionais ou geométricos – contendo a natureza dentro de formas geométricas rigorosas.

Os jardins refletem o conhecimento e o pensamento de cada época, sendo projetados conforme as condições geográficas e climáticas do local em que se encontram e a estética da arquitetura e das artes de seu tempo. Os jardins medievais, que podemos reconhecer nas pinturas da época, eram pequenas áreas que abrigavam cultivos de plantas medicinais, temperos de uso cotidiano e plantas em vasos. Em geral, a forma desses jardins era circular ou quadrada, e eles se encontravam no interior de altos muros.

Entre os jardins da Antiguidade, os jardins persas se destacaram como espaços luxuosos e refinados. Apresentavam elementos como bandeiras, dragões e animais típicos. As espécies vegetais eram cuidadosamente escolhidas e cuidadas para alcançar as formas desejadas. Eram simétricos, com eixos marcados para o ordenamento da paisagem, aproximando-se, portanto, de uma forma mais racional e simbolizando a organização do paraíso. Essa tendência de formas retas também estava presente nos jardins romanos.

Nos jardins franceses, também encontramos formas racionais. É marcante a utilização da simetria e de formas geométricas. Destaca-se, ainda, o controle da água, através de canais, fontes e cascatas, e da vegetação, por meio da poda constante e da técnica da topiaria.

Jardins como os ingleses, os anglo-chineses e os japoneses privilegiam as linhas sinuosas e uma organização mais espontânea. Esses tipos de jardins, ainda que apresentem diferenças entre eles, têm em comum a ordenação da natureza seguindo traçados orgânicos, que dão preferência às formas curvas e à composição com manchas de diferentes espécies, procurando-se uma imagem natural. Ao longo da história, o estilo de jardim inglês ficou conhecido como romântico e os jardins chineses e japoneses ficaram conhecidos como orientais.

Os jardins ingleses têm composições de folhagens pitorescas e vegetação em abundância. Caracterizam esse estilo de jardim os arranjos com variedades de arbustos e plantas perenes com flores, que são organizadas buscando-se harmonia de cores e volumes. Os jardins anglo-chineses têm características similares aos ingleses em sua relação com a natureza, porém se diferenciam por inserir elementos da cultura chinesa de presença marcante, como os pagodes. Já os jardins japoneses reproduzem ambientes que favorecem a meditação, privilegiando as áreas de sombras e meia-sombra e presença de água – em lagoas, rios ou lagos.

Para entender melhor

Faça algumas pesquisas na internet para ver as diferenças entre os jardins ao longo da história. É simples: acesse a internet em seu computador ou celular por meio de um navegador (Explorer, Firefox, Chrome, etc.) e digite palavras-chave – jardim medieval, jardim renascentista, jardim contemporâneo, jardim tropical, etc. Clique em Imagens no menu. Pronto! Vão aparecer muitas imagens que farão você entender melhor a estética de cada época. As imagens ajudam muito o aprendizado do jardineiro. Pesquise também outros assuntos relacionados à jardinagem.

Jardins na atualidade

São conhecidos como jardins, na atualidade, os espaços que recebem algum tipo de tratamento ou manipulação dos elementos naturais pelo homem. O jardineiro poderá utilizar apenas elementos encontrados na natureza – oferecendo novas formas de organização – ou poderá utilizar elementos fabricados, como pisos de vários materiais, móveis, ou mesmo iluminação.

Nos *jardins contemporâneos*, é possível perceber a atenção dada a todos os detalhes, ou seja, nada é realizado sem considerar a forma e a função desejadas. São muito comuns as linhas limpas e formas geométricas – simétricas ou assimétricas. Muitas vezes, a composição do jardim contemporâneo tem como objetivo o prolongamento da arquitetura ou do espaço interior, por isso adotam-se as mesmas formas e elementos utilizados nesses ambientes construídos. Exemplos dessa tendência são a utilização dos mesmos móveis e materiais nas áreas internas e externas e a criação de canteiros que seguem o mesmo ritmo dos pilares ou esquadrias do edifício localizado a seu lado.

Jardim contemporâneo
▼

Materiais como madeira e pedras são bastante utilizados nas superfícies e no mobiliário dos jardins contemporâneos. Pode-se usar pedras sem tratamento, encontradas no local, provenientes de rios ou trazidas especialmente para criar novos relevos, as ardósias, os mármores e os granitos, rústicos ou polidos. São utilizados também, com frequência, materiais como o concreto e alguns metais, por exemplo, o aço inox e o aço corten.

Nesse tipo de jardim, os elementos vegetais são organizados em maciços, canteiros ou plantados em vasos grandes. Estão presentes, também, elementos como bancos, lagos e fontes. Na escolha da vegetação, opta-se por plantas que auxiliam a estruturação dos espaços e que se mantêm atrativas a maior parte do ano. Nos elementos decorativos, predominam as cores preto, branco, tons de cinza e cores vivas contrastantes, como vermelho, fúcsia e tons de azul, presentes também na água. A água é um elemento recorrente em espelhos d'água, cascatas ou lagos. Destaca-se ainda a utilização de iluminação artificial para criar efeitos inusitados nos jardins.

Para a vegetação, utilizam-se em abundância plantas leves e de formas arrojadas (como gramíneas de pequeno e grande porte – as do gênero *Miscanthus*, por exemplo); diferentes tipos de bambu organizados em composições ou em estruturas e coberturas; plantas com folhagens decorativas (como filodendros e helicônias); e composições monocromáticas de vegetação.

Os jardins contemporâneos são planejados tendo-se em vista a preocupação com a economia de água. Muitas vezes, utiliza-se irrigação automatizada e protege-se o solo com plantas de forração. Apesar disso, o jardim contemporâneo precisa do trabalho do jardineiro em sua manutenção para que ele permaneça com a forma desejada.

Os *jardins tropicais* também são muito presentes na atualidade. Eles se caracterizam pela vegetação exuberante, com abundância de espécies de grandes folhagens verdes e de formas variadas. Quando preparado com precisão, assemelha-se a uma selva de mata fechada. Destacam-se as folhagens mais claras, que funcionam como focos de atenção ao olhar ou servem para levantar visualmente áreas escuras. Quando presente, a água (em lagos, lagoas ou quedas) auxilia na criação da ambiência tropical. Em alguns pontos, pode-se acrescentar troncos de árvores caídas, que funcionam como bancos ou como suporte para plantas menores, reforçando a impressão de que o jardim surgiu naturalmente.

Para plantio de espécies típicas de jardins tropicais, é necessário um clima quente, solo fértil e úmido. Sempre que possível, deve-se agregar composto orgânico ou mineral. As

Jardim tropical

plantas mais comuns em jardins tropicais são as da família das aráceas (como bananeiras e palmeiras) e árvores com folhagens decorativas. Também é frequente usar diversas espécies de bambus e gramíneas gigantes. Como o vento em excesso pode ser prejudicial para o jardim, é possível criar barreiras com plantas de maior porte. Os bambus servem muito bem a essa finalidade.

Conheça o nome científico de plantas típicas de jardins tropicais

Bambu – *Bambusa vulgaris, Phyllostachys pubescens, Pseudosasa japônica*, etc.

Bananeira – *Musa* spp.

Palmeira – *Euterpe oleracea, Copernicia prunifera, Cocos nucifera, Syagrus romanzoffiana, Euterpe edulis*, etc.

Em algumas regiões do Brasil, a vegetação nativa apresenta características de regiões desérticas. Os jardins mais apropriados, nesses locais, serão os *jardins desérticos*, pois utilizam apenas plantas adaptadas para condições climáticas de temperaturas altas e escassez de água.

Os jardins desérticos apresentam comumente composições de pedras, areia e plantas suculentas. O solo apropriado para essas composições é, em geral, seco e pedregoso, com grandes períodos de exposição ao sol. As espécies devem ser posicionadas distantes umas das outras, em pequenas quantidades, ou em mudas isoladas. Essa disposição garante que cada planta receba o máximo de insolação possível. As coberturas de solo também podem receber materiais diferentes, como lascas de madeira e pedras de tamanhos variados, para serem exploradas diferentes cores e texturas.

Há plantas típicas dos jardins desérticos (como agaves, aloés, yuccas e cactáceas). É possível compô-las com vários tipos de plantas suculentas, figueiras, eufórbias e crassuláceas e utilizar como elementos de maior porte alguns cactos (como cactos verde-e-amarelo e mandacarus). As plantas do Cerrado e as da Caatinga são indicadas para uso nesse estilo de jardim. O jardim desértico é o tipo que menos exigirá água e manutenção: necessita de insolação direta em abundância e solo drenante, que impeça o acúmulo de umidade. Para evitar a disseminação de ervas daninhas, recomenda-se a cobertura do solo com algum tipo de composto mineral (areia, pedriscos, etc.).

Jardim desértico

Conheça o nome científico de algumas plantas típicas de jardins desérticos

Agave – *Agave* spp.

Aloé – *Aloe* spp.

Cactácea – *Cereus jamacaru, Opuntia cochenillifera, Melocactus zehntneri,* etc.

Cacto verde-e-amarelo – *Cereus hildemannianus*

Mandacaru – *Cereus jamacaru*

Yucca – *Yucca* spp.

A estética dos *jardins de flores* faz uma contraposição aos jardins ortogonais, nos quais as espécies vegetais são submetidas a uma ordem – muitas vezes contrária a sua forma de crescimento natural. As composições dos jardins de flores, conhecidas como *mixed-borders* (do inglês, bordas mistas), não se preocupam com conceitos como simetria e ortogonalidade, mas trabalham com ritmos. Essas composições são projetadas como pinturas, considerando-se o efeito das florações, da insolação e das sombras, buscando a sensação de uma "desordem ordenada", como se as plantas tivessem sido semeadas de forma involuntária pela ação do vento.

Os jardins de flores preservam sua posição de importância entre os jardins da atualidade, sendo utilizados com frequência em áreas residenciais, nas quais a escolha das plantas é feita com maior liberdade pessoal. Eles são típicos de locais de clima temperado, onde as estações mais marcadas propiciam uma primavera exuberante no que se refere às florações.

Há ainda os *jardins ecológicos*, cujas composições são inspiradas nas formações espontâneas da natureza. Esse tipo de jardim respeita as características ambientais do local no qual está inserido. As plantas devem ser adaptadas às condições climáticas e à oferta de água disponível, e de preferência nativas do bioma em que se inserem, evitando que seja necessário utilizar irrigação artificial constante ou investir em técnicas custosas para garantir sua sobrevivência. Procuram garantir a preservação da biodiversidade e dos recursos naturais existentes.

As composições tiram partido da beleza e da forma da vegetação de cada local, sem tentar recriar artificialmente características de outros ecossistemas. As preocupações expressas nos jardins ecológicos podem trazer resultados interessantes e muitas vezes inesperados. A utilização de espécies frutíferas ou melíferas, por exemplo, pode atrair animais, o que acaba por contribuir para a conservação da natureza.

Jardim ecológico
▼

Os jardins ecológicos podem, ainda, utilizar técnicas de permacultura, que auxiliam em sua manutenção e na criação de ambientes mais sustentáveis. O jardineiro poderá optar, por exemplo, por não utilizar herbicidas ou químicos, preferindo as técnicas de plantio associadas ou a utilização de substâncias naturais para o controle de pragas. Outras medidas interessantes são a captação de água de chuva e o reúso de água. A adoção da compostagem, destinando-se um pequeno espaço no jardim para a instalação de uma composteira, também é indicada, já que garantirá o fornecimento de adubo para a manutenção do próprio jardim ao longo do tempo. Métodos como retiradas das folhas mortas deixam de ser aplicados, para respeitar os ciclos da natureza.

Tipos de jardins

Os diferentes estilos citados no tópico anterior podem ser aplicados a vários tipos de jardim, que podem ser classificados como jardins externos, internos, suspensos ou verticais.

Nos *jardins externos*, as plantas podem ser cultivadas isoladamente ou em composições em espaços livres ou canteiros. As composições em espaços livres muitas vezes são entremeadas por caminhos ou áreas de convívio pavimentadas ou gramadas. Já os canteiros delimitam uma porção de terra em que será cultivada a vegetação, que pode ser no mesmo nível do piso, em níveis mais baixos ou mais altos. No caso de níveis mais altos, são criados limites que podem ser executados em concreto moldado *in loco*, blocos de concreto, alvenaria ou outros materiais mais nobres, como o aço corten. De acordo com a intenção do projeto, pode ser interessante empregar alguma cor que contraste o limite do canteiro com a vegetação e com o piso ou, ao contrário, que a camufle entre ambos.

Os *jardins internos* estão normalmente localizados em varandas, terraços, estufas, pátios internos ou mesmo em ambientes fechados. Esse tipo de jardim pode estar em locais de iluminação abundante, porém o mais comum é que a iluminação seja indireta e de meia-sombra. Nesses casos, o ideal é escolher espécies de sombra ou meia-sombra, que se adaptam bem a ambientes fechados e condições de pouca insolação direta (como dracenas, palmeiras-ráfis, palmeiras-licualas, palmeiras-arecas, antúrios, begônias e plantas-jades).

Os jardins internos, na maioria dos casos, são cultivados em vasos, que oferecem maior flexibilidade na hora de organizar o ambiente, mas também podem ser organizados em jardineiras e pequenos canteiros.

> **Conheça os nomes científicos de algumas espécies que se adaptam a pouca insolação**
>
> Antúrio – *Anthurium andreanum*
> Begônia – *Begonia elatior*
> Dracena – *Dracaena reflexa*
> Palmeira-areca – *Dypsis lutescens*
> Palmeira-licuala – *Licuala grandis*
> Palmeira-ráfis – *Rhapis excelsa*
> Planta-jade – Crassula ovata

As plantas em vasos vivem com pequeno volume de substrato. Por ser em pequena quantidade, o substrato deverá ser de extrema qualidade, contendo nutrientes adequados ao plantio previsto. No fundo dos vasos, recomenda-se sempre fazer uma camada de seixos ou argila expandida, para garantir uma boa drenagem. Quando dentro de apartamentos, invariavelmente as plantas sofrem mais com o excesso do que com a escassez de água. Na maior parte dos casos, uma irrigação por semana é suficiente, podendo ter a frequência aumentada em dias de calor excessivo. Já a fertilização deve ser mais frequente no caso dos jardins internos, porque as plantas tendem a consumir rapidamente os nutrientes disponíveis.

No caso de jardins de inverno em áreas que não recebem qualquer tipo de iluminação, direta ou indireta, durante o dia, recomenda-se a utilização de elementos como seixos e pedras, com possibilidade de combinação com plantas de sombra e elementos com água, para criar espaços decorativos, que podem fazer referência aos jardins estilo zen japonês.

Os *jardins suspensos* são aqueles localizados sobre lajes, normalmente na cobertura de edificações. Conhecidos como telhados verdes ou tetos verdes, consistem no revestimento com substrato vegetal de uma superfície plana ou com inclinação razoável, de até aproximadamente 35 graus. Eles são criados com funções estéticas, ecológicas ou visando benefícios ambientais diretos, como o isolamento térmico.

Com relação ao conforto termoacústico proporcionado, são extremamente eficientes. Estudos comprovam que a redução na variação térmica gerada pelos telhados verdes chega a 40%, tornando essa solução altamente aplicável para áreas de climas quentes. O telhado verde tem, ainda, propriedades de isolamento sonoro.

Os telhados verdes são compostos de uma camada de impermeabilização, aplicada sobre a superfície da laje, uma membrana antirraiz, uma camada de material drenante, uma manta geotêxtil, substrato e, finalmente, a vegetação. É possível propor telhados verdes em edificações de diferentes usos, desde que a estrutura da laje seja própria para suportar o peso do jardim. Convém lembrar que a quantidade de terra a ser utilizada deve levar em conta o porte das espécies que serão utilizadas: forrações vão necessitar de quantidades menores de substrato do que espécies arbustivas de médio e grande porte.

Telhado verde

VEGETAÇÃO

SUBSTRATO

MANTA GEOTÊXTIL

DRENAGEM

MEMBRANA ANTIRRAIZ

LAJE IMPERMEABILIZADA

Existem fabricantes nacionais e internacionais que fornecem bandejas que têm a estrutura completa de retenção de água e que são de simples instalação e atendem à maior parte das demandas por telhado. No entanto, essas estruturas não podem ser utilizadas no caso de plantio de espécies de médio e grande porte. Nesse caso, deve ser realizado um cálculo estrutural e maiores estudos para se executar o teto verde.

A vida útil de um telhado verde dependerá de uma execução criteriosa da estrutura, da colocação do substrato e da irrigação. Além disso, as plantas escolhidas deverão estar em harmonia com a região em que o projeto está sendo executado, considerando-se a insolação diária e o clima. Recomenda-se, sempre que possível, a utilização de espécies nativas.

Os *jardins verticais* podem ser instalados em diferentes superfícies e foram inicialmente utilizados com o objetivo de promover melhorias termoacústicas nas edificações. Quando localizados em áreas internas, geram sensação térmica agradável. Em fachadas externas, colaboram com a redução do ruído urbano, podendo ainda ser combinados com placas acústicas; mas só geram proteção térmica quando aplicados em grandes dimensões.

Hoje, esse tipo de jardim é adotado não apenas por seus benefícios ambientais, mas, principalmente, por seu valor estético.

Além disso, apresenta-se como solução de grande utilidade para áreas com pouco espaço – desde varandas até áreas externas – com a instalação da vegetação em canteiros. Quando adotadas as medidas necessárias para irrigação e escolhidas plantas conforme o grau de insolação que incidirá no local, os cuidados serão basicamente os mesmos que temos em relação aos jardins tradicionais.

De acordo com a orientação do jardim, deverão ser escolhidas espécies capazes de suportar um período maior de insolação ou que poderão se adaptar a áreas de sombra. De maneira geral, são utilizadas plantas resistentes (como filodendros, russélias, aspargos pendentes, samambaias, trepadeiras em geral, clorófitos, lambaris-roxos, ripsális, asplênios e bromélias).

Conheça o nome científicos das plantas que se adaptam a jardins verticais

Aspargo pendente – *Asparagus densiflorus*

Asplênio – *Asplenium nidus*

Bromélia – *Alcantarea imperialis, Neoregelia cruenta, Guzmania lingulata*

Clorófito – *Chlorophytum* spp.

Filodendro – *Philodendron* spp.

Lambari-roxo – *Tradescantia zebrina*

Ripsális – *Rhipsalis* spp.

Russélia – *Russelia equisetiformis*

Esse tipo de jardim pode ser feito de três maneiras principais: cultivado com técnica hidropônica ou substrato tradicional, no qual as plantas têm como suporte uma manta fixada em um suporte rígido; plantio das espécies sobre módulos pré-fabricados, que servem como base; e conforme plantio tradicional, em vasos fixados sobre a parede com ganchos individuais, sobre prateleiras ou outras formas de fixação. Quando aplicadas as técnicas que utilizam substrato, a adubação precisa ser feita regularmente para renovação dos nutrientes.

Jardins verticais em vasos, em módulos, em mantas

Os jardins botânicos

Por definição, os jardins botânicos são criados para reunir diferentes espécies e organizá-las, de modo a motivar a visitação e o conhecimento por parte da população. Os jardins botânicos podem ter origem em áreas de parques naturais ou serem planejados originalmente para assumir essa função.

Nos jardins botânicos, as plantas são documentadas e registradas por sua origem e sua identidade botânica. Esses dados são expostos em fichas, localizadas próximas a cada uma das espécies ou, no caso dos jardins botânicos mais modernos, etiquetados com fichas eletrônicas que podem ser visualizadas por meio de diferentes tecnologias.

Além de servir para visitação pública, esse acervo de plantas é utilizado por pesquisadores para estudos científicos, pois geralmente contém uma amostragem significativa de espécies raras ou ameaçadas de extinção. Os primeiros jardins botânicos investiram muito em colecionar as espécies, mas hoje esses espaços têm priorizado o entendimento dos ecossistemas e não apenas as plantas como seres isolados de seu contexto natural. Eles são preciosos para o jardineiro, que, ao visitá-los, pode aumentar seu conhecimento sobre a vegetação.

 Jardim botânico

Bibliografia

BACKES, Toni. *Paisagismo para celebrar a vida: jardins como cura da paisagem e das pessoas.* Porto Alegre: Paisagem do Sul, 2012.

LORENZI, Harri. *Árvores brasileiras: manual de identificação e cultivo de plantas arbóreas nativas do Brasil.* Nova Odessa: Plantarum, 2011-2014. 3 v.

_____. *Plantas para jardim no Brasil: herbáceas, arbustivas e trepadeiras.* 2. ed. Nova Odessa: Plantarum, 2015.

_____; KINUPP, Valdely. *Plantas alimentícias não convencionais (PANC) no Brasil.* Nova Odessa: Plantarum, 2014.

_____; MELLO FILHO, Luiz Emygdio de. *As plantas tropicais de R. Burle Marx.* Nova Odessa: Plantarum, 2001.

_____ *et al.* (coord.). *Palmeiras no Brasil: nativas e exóticas.* Nova Odessa: Plantarum, 1996.

MEIRELLES, Laérico Ramos; RUPP, Luis Carlos diel (coord.). *Agricultura ecológica: princípios básicos.* Porto Alegre: Assembleia Legislativa, 2006.

REIS, Cristiana; QUEIROZ, Fernanda; FRÓES, Marcos. *Jardins comestíveis.* Ubatuba: Ipema, 2004.

SAUERESSIG, Daniel. *Árvores nativas.* Irati: Plantas do Brasil, 2014. v. 1.

UNIVERSIDADE FEDERAL DE UBERLÂNDIA. INSTITUTO DE BIOLOGIA. *Apostila de morfologia externa vegetal.* Uberlândia, 2006.

VIDAL, Waldomiro Nunes; VIDAL, Maria Rosária Rodrigues. *Botânica organografia*: *quadros sinóticos ilustrados de fanerógamos.* 4. ed. Viçosa: Universidade Federal de Viçosa, 2006.

VILAÇA, J. *Plantas tropicais*: *guia prático para o novo paisagismo brasileiro.* São Paulo: Nobel, 2005.

Sites

Jardineiro.net. Disponível em: http://www.jardineiro.net/. Acesso em: 31 mar. 2016.

Tudo sobre plantas. Disponível em: http://www.tudosobreplantas. net/. Acesso em: 31 mar. 2016.

Árvores do Brasil. Disponível em: www.arvores.brasil.nom.br/. Acesso em: 31 mar. 2016.

Landscape for life. Disponível em: http://landscapeforlife.org/. Acesso em: 31 mar. 2016.

Índice geral

Agradecimentos 9
Alporquia 163
Análise do solo 96
Após o plantio 135
Arbustos 67
Árvores 70
Bibliografia 195
Caatinga 47
Capinar e afofar 100
Características e classificação das plantas 56
Caule 79
Cerrado 45
Compra, escolha e acondicionamento de mudas 121
Condicionadores de solo 104
Conservação da biodiversidade 54
Corretivos de solo 104
Corrigir, condicionar e fertilizar 103
Cuidados com o meio ambiente 30
Diversidade das plantas brasileiras, A 39
Divisão de touceira 165
Doenças nas plantas, As 169
Enxertia 159
Equipamentos e ferramentas de trabalho 117
Estaquia 155

Estilos de jardins ao longo da história 175
Flores 83
Floresta Amazônica 40
Folhas 81
Forrações 64
Frutos 85
Gramados 62
Herbáceas 66
Irrigação localizada 152
Irrigação por aspersão 151
Irrigação 144
Jardins (Capítulo) 174
Jardins na atualidade 178
Jardins privados 21
Jardins públicos 20
Maneiras de regar 145
Manutenção (Capítulo) 140
Mão na terra e muito mais... 26
Mata Atlântica 51
Mercado de trabalho 20
Mergulhia 161
Nota do editor 7
O que faz esse profissional? 11
Palmeiras 70
Pampa 49
Pantanal 43
Para ser um bom jardineiro 14
Partes das plantas 74
Plantas (Capítulo) 38
Plantas e as condições climáticas, As 86
Plantio (Capítulo) 116
Plantio em vasos 132
Plantio no solo 125

Poda 142

Preparação do terreno 120

Preparo do solo 100

Principais biomas 40

Principais técnicas de reprodução 155

Procedimentos gerais 141

Quantidade de água 147

Raiz 74

Raízes aéreas 76

Raízes aquáticas 76

Raízes subterrâneas 76

Reprodução de plantas 154

Reprodução por rizomas, tubérculos e bulbos 166

Serviços auxiliares 22

Sistemas de irrigação 149

Solo (Capítulo) 90

Solo arenoso 92

Solo argiloso 92

Solo calcário 93

Solo humífero 93

Tipos de jardins 186

Tipos de solo 91

Trabalho do jardineiro, O (Capítulo) 10

Trepadeiras 69